教育部人文社会科学研究项目"中俄共建'冰上丝绸之路'的路径和方案研究"（项目编号：18YJAGJW007）

"冰上丝绸之路"合作制度设计

Cooperation Institutional Design of the "Polar Silk Road"

冯多　赵万里　著

中国社会科学出版社

图书在版编目（CIP）数据

"冰上丝绸之路"合作制度设计/冯多，赵万里著.—北京：中国社会科学出版社，2020.12
ISBN 978-7-5203-7720-1

Ⅰ.①冰… Ⅱ.①冯… ②赵… Ⅲ.①海上运输—丝绸之路—国际合作—研究—中国 Ⅳ.①F125

中国版本图书馆 CIP 数据核字（2020）第 271469 号

出 版 人	赵剑英
责任编辑	刘晓红
责任校对	周晓东
责任印制	戴 宽
出　　版	中国社会科学出版社
社　　址	北京鼓楼西大街甲 158 号
邮　　编	100720
网　　址	http://www.csspw.cn
发 行 部	010-84083685
门 市 部	010-84029450
经　　销	新华书店及其他书店
印刷装订	北京君升印刷有限公司
版　　次	2020 年 12 月第 1 版
印　　次	2020 年 12 月第 1 次印刷
开　　本	710×1000 1/16
印　　张	13.5
插　　页	2
字　　数	189 千字
定　　价	78.00 元

凡购买中国社会科学出版社图书，如有质量问题请与本社营销中心联系调换
电话：010-84083683
版权所有　侵权必究

前　言

"冰上丝绸之路"是习近平总书记和俄罗斯国家元首在2017年会晤中共同提出的，是中国"一带一路"倡议东北亚方向的重要构成。"冰上丝绸之路"是北极区域合作利益共同体、文化共同体、命运共同体，但是需要相应的配套制度来保障，这种制度是基于不同区域、不同文化背景、不同社会关切与利益诉求基础上的多种制度相互协调、融合共生而形成的国际合作制度。

"冰上丝绸之路"是穿越北冰洋，连接东北亚、欧洲与北美洲三大经济中心的通道，包括东北航道、西北航道和中央航道。2015年12月17日，中俄两国对外发布《中俄总理第二十次定期会晤联合公报》，公报中首次提出"加强北方海航道开发利用合作，开展北极航运研究"。2016年11月7日，中俄两国总理共同签署联合公报，再次提出"对联合开发北方海航道运输潜力的前景进行研究"。2017年5月，在"一带一路"国际合作高峰论坛期间，俄罗斯总统普京希望中国能利用北极航道，把北极航道同"一带一路"连接起来。2017年7月5日，习近平主席访问俄罗斯会见俄罗斯总理梅德韦杰夫时首次提出"冰上丝绸之路"的构想。2018年1月26日，国务院发表了《中国的北极政策》白皮书，提出中国是近北极国家和北极事务的重要利益攸关方，必须积极应对北极区域变化所带来的挑战，与各方共建"冰上丝绸之路"和"北极蓝色经济通道"。至此，"冰上丝绸之路"正式进入公众视野。建设"冰上丝绸之路"是"一带一路"倡议在北极方向的自然延伸和重要接续节点，其与"陆上丝绸之路"和"海上丝绸之路"共同构成新时期中国进一步扩大开放、实现共同发展与繁荣、构建新型国际关系和"人类命运共同体"的关键地缘支点。

随着北极气候变暖，北极海域可能在21世纪中叶出现季节性无冰现象。北极冰雪融化将逐步改变人类对北极的开发利用条件，为各国商业利用北极航道和开发北极资源提供机遇。北极气候变暖在给人类带来开发利用机会的同时，也带来环境变迁的挑战。北极冰雪融化可能引发海平面上升、极端天气增多、生物多样性受损等全球性问题。当前北极治理体系为北极国家所主控，具有一定的封闭性和排他性，且因利益纷争严重，在大陆架主权划界、独立管辖等多个方面无法达成博弈均衡。由此，使北极治理呈现滞后性，无法及时解决各方在北极地区的利益诉求。北极作为人类共同的北极，受制于北极主导国的多重博弈，难以在关系人类共同未来的诸多问题上达成有效共识与方案。出于全球问题复杂化形势，面临全球化逆潮流现象，中国作为推进全球化的坚定支持者，理应在北极治理中发挥重要作用。通过"冰上丝绸之路"建设可开创中国与北极区域国家新的合作领域，建构新的北极事务参与身份，增强中国在北极的实质性存在。中国是近北极国家和重要的北极利益攸关方，必须积极应对北极区域变化所带来的挑战。

"冰上丝绸之路"合作制度设计是对北极治理机制的新探索和新突破，旨在通过中国与北极各国的互利合作，统筹平衡各方利益诉求，以期达到公共利益的最优配置和利益共享的最大公约数。以共建"冰上丝绸之路"带动北极地区共同开发，本着"北极命运共同体"的原则精神和行动宗旨，客观认知和评价泛北极地区国家关系，做好对北极地区航道开发、环境保护、资源潜力、地缘关系的合理评估，这是对北极国家主导治理范式的必要和有益补充，也是应对当前北极治理体系"碎片化"的中国方案，表明中国作为利益攸关方有所作为的积极态度和对该地区和平与发展主动担当治理责任的明确立场，为北极区域治理提出制度层面的构想以及中国倡议主张，为北极主导国和域外国家协同治理北极地区，提供了新的制度化对话平台和合作机制，有助于获得北极国家对于中国参与北极区域合作的理解与认同。

以共建"冰上丝绸之路"为纽带、以构建"北极命运共同体"为目标、以建立区域合作共生制度为保障，本书提出中国北极区域合作的制度方案。本书基于制度设计理论，探究"冰上丝绸之路"合作风险、合作中的不确定性与困境，提出"冰上丝绸之路"合作制度设计的原则与策略性选择；构建"冰上丝绸之路"合作制度体系，涵盖区域经济合作制度、生态环境保护制度、法律与人文交流合作制度、北极国际安全保障制度、北极治理与跨区域合作制度；阐释"冰上丝绸之路"合作正式制度与非正式制度的互动与耦合；提出"冰上丝绸之路"合作制度的实施机制、实施路径与保障措施。

作为合作共赢之路，"冰上丝绸之路"倡议及主张集中反映了中国参与北极事务治理的新型合作理念。基于共同保护责任的开发是构建"北极命运共同体"的基本理念之一，将"责任"嵌入北极治理，符合推进"冰上丝绸之路"沿线各国互利合作的价值导向。在"人类命运共同体"视阈下，北极发展与北极治理的最终目的是共同构建"北极命运共同体"，而"冰上丝绸之路"则是实现这一共同目标和远景夙愿的协同发展实践平台。

目　录

第一章　理论基础 ·· 1

第一节　"制度人"假说 ·· 2
第二节　制度与行为 ·· 24
第三节　利益、偏好与国际合作 ······································ 34

第二章　风险、不确定性与合作困境 ······························ 42

第一节　合作缘起 ·· 42
第二节　制度环境风险辨识 ·· 47
第三节　不确定性与合作困境 ·· 49

第三章　契约、交易费用与制度设计策略 ························ 57

第一节　制度设计维度 ·· 57
第二节　"人类命运共同体"理念 ···································· 71
第三节　制度设计原则与策略性选择 ·································· 75

第四章　合作制度体系建构 ······································ 88

第一节　区域经济合作制度 ·· 88
第二节　生态环境保护制度 ·· 94
第三节　法律与人文交流合作制度 ···································· 100
第四节　北极国际安全保障制度 ······································ 113
第五节　北极治理与跨区域合作制度 ·································· 120

第五章　制度结构互动与耦合 ·················· 125

第一节　正式制度 ····························· 125
第二节　非正式制度 ··························· 129
第三节　制度变迁与共生结构形成 ··············· 134

第六章　制度实施机制 ························ 143

第一节　组织与规则 ··························· 143
第二节　制度主体与利益诉求 ··················· 150
第三节　重点合作领域 ························· 158
第四节　冲突与利益协调 ······················· 174

第七章　制度实施路径与保障 ·················· 178

第一节　公共价值观与社会理性 ················· 178
第二节　政治动员 ····························· 182
第三节　对话、决策与合作机制 ················· 187

参考文献 ·· 200

第一章

理论基础

人是经济活动的主体，人们在经济活动中结成经济关系，每一个人都是经济关系中特定利益的集合点。一直以来，经济学赋予人以"经济人"的属性。"经济人"假说为了追求理论的完美，有意避开一些复杂的变量，从而使数学分析容易操作，理论分析严谨，逻辑性、严密性几乎无懈可击。然而，这种假设形式使"经济人"演化成完全理性的最大化选择工具，这样做虽使数学化处理变得容易了，却使"经济人"更加非人化了，甚至变得可有可无了。舒尔茨在《制度与人的经济价值的不断提高》一文中，指出了经济学家在陈述经济模型时一个积习难改的特征是他们并不提及制度。[①] 尽管有这一"疏忽"，现代经济学仍在着力于为制度变迁寻找理论支持。不过一个无法掩饰的事实是，他们在考虑制度问题时，分析的橱子里是空荡荡的，里面只有几个被视为无用了的标有"制度经济学"的旧盒子。科斯指出，当代制度经济学应该从人的实际出发来研究人，实际的人在由现实制度所赋予的制约条件中活动。[②] 新制度经济学的另一位代表人物诺思认为，"制度经济学的目标是研究制度演进背景下人们如何在现实世界中做出决定和这些决定又如何

[①] [美] 舒尔茨：《制度与人的经济价值的不断提高》，载《财产权利与制度变迁》（中译本），上海三联书店、上海人民出版社1994年版，第252—253页。

[②] [美] R. 科斯：《企业、市场与法律》，上海三联书店1990年版，第225页。

改变世界"。由此可见，制度经济学的研究离不开人，而对人的分析应以人性为基础。①

第一节 "制度人"假说

一 人性理论

人性，自古以来一直是人们争论的话题，关于人性的讨论多集中于人之所以区别动物或者人之所以为人的问题，也有一些是从广义上定义的。休谟在他所写的《人性论》一书中，把人性归结为人的知性，而这种知性是动物所不具有的。马克思在《关于费尔巴哈的提纲》中有一段关于人的本质的经典描述："人的本质不是单个人的抽象物，它是一切社会关系的总和。"笔者认为，人性即人的本质属性，是人类区别于他物的特殊性，广义上泛指人的一切行为与特征。人的行为特征是指与人的行为相关的一切表现形式，比如人的情感、意志、生理、心理、伦理道德以及人际关系等都可以表现出某种行为特征，因为它们都影响着人的行为。

西方国家的制度设计是建立在性恶论基础上的。在西方，对人性问题的讨论在古希腊时期就已经开始。柏拉图曾指出："人性总是把人类拉向贪婪和自私，逃避痛苦而毫无理性地去追求快乐。"②中世纪的西方社会是以神学统治哲学、以神性否定人性为基本特征的。到了近代，建立在性恶论基础上的对权力限制和监督的法治思想成为西方政治哲学的主流。当代西方政治哲学仍旧沿袭并发展了性恶论的人性假设，以此作为制度设计的依据。新古典经济学里的"经济人"假说也是建立在性恶论基础上的，以性恶论为逻辑起点。

---

① [美]道格拉斯·C.诺思：《经济史中的结构与变迁》，上海三联书店1991年版，第2页。
② [古希腊]柏拉图：《理想国》，郭斌和、张竹明译，商务印书馆1986年版，第386页。

这种建立在性恶论基础上的制度设计虽然能较好地抑制人的机会主义行为，但也存在很多缺陷：①高昂的社会管理成本，低下的社会运行效率；②忽视人的能动作用；③不利于激发人的积极性。人性有其善的一面，应该褒扬，这样才能鼓励人们多为别人做好事，弘扬社会的奉献精神。西方"性恶论"的人性假设没有包含人性真谛的全部内涵，忽视了人们之间的个体差异，易导致人的自私、冷漠和相互不信任。

中国的制度设计是以性善论作为基础的。在中国历史上，人性论尽管多种多样，但总体上以性善论为主。《三字经》主张："人之初，性本善。"孟子提出"性善论"，认为人皆有不忍人之心，天生具有仁义礼智四种善端，人们只要不断地扩充发展善端，就能成为圣人、君子。他还认为，国家法度的捍卫只能依靠有德的圣君贤臣，由于他们有德，所以能施仁政。董仲舒综合了孟子、荀子及韩非子等人性论，既承认人性有善的一面，又承认人性有恶的一面，但总体上还是倾向于性善论，所以在治国上主张德主刑辅。西汉以后，由于儒家思想成为中国传统文化的主要代表，性善论的影响实际上是超过了性恶论。这种建立在性善论假设基础上的制度设计能够崇尚社会道德风气，弘扬人的奉献精神和社会正气，而且能够降低制度管制的成本。

人的类属性是多方面的，排除人们之间的个体差异，将人作为"类"这一整体来研究，可以从不同的角度对人性做出假设。

（1）"生物人"。具有和动物同样的属性，其行为受本能的驱动，能够自发地趋利避害。生物人所追求的是生理需求。

（2）"自然人"。人是自然界的一部分，遵循达尔文"物竞天择，适者生存"的自然选择规律。在长期的自然进化过程中，吐故纳新、新陈代谢、优胜劣汰的规律与人类伴行。"自然人"时刻与自然环境相互交融，顺应自然规律则有益其发展，违背自然规律则会受到自然界的惩罚。

（3）"经济人"。当代西方经济学将人视为有限理性的"经济人"。"经济人"假说经历了古典、新古典和"泛经济人"阶段。长期以来,"经济人"假说一直占据统治地位。

（4）"社会人"。"社会人"假设的理论基础是人际关系学说,"社会人"又称为"社交人"。该假设最早来自梅奥（G. E. Mayo）主持的霍桑实验,后经一些学者不断丰富。他们认为,人是"社会人",人不是孤立的存在,而是处于一定的社会关系中,受集体的制约。他们除了物质追求外,还追求人与人之间的友爱、道德、归属感、荣誉感等。"社会人"的基本假设就是：①从根本上说,人是由社会需求而引起工作动机的,并且通过同事的关系而获得认同感。②工业革命与工业合作化的结果,使工作本身失去了意义,因此要从工作上的社会关系去寻求意义。③员工对同事的社会影响力,要比对管理者所给予的经济诱因控制更为重视。④员工的工作效率随着上司能满足他们社会需求的程度而改变。

（5）"文化人"。这是"社会人"理念的进一步延伸。其主要特点是：强调人的知识文化在社会进步中的作用。在知识经济条件下,劳动者的高度主体性和自觉精神,不断学习、持续进步、自我超越的文化精神,使他们产生竞争和创新的欲望。"文化人"主张人与人之间应该默契合作、相互关心、相互尊重；在生产中要有创新行动和内部竞争,要提升组织的文化精神,创造性地开展工作。

（6）"理想人"。这类人追求理想、信念和自我价值的实现。在诸多的人性假设中,"经济人"假说在主流经济学里得到了普遍的应用,它采用严密的数学推导方法,形成了比较系统的理论体系。其他的人性假设则相形见绌,没有得到理论界的普遍认可。那么,我们一直所推崇的"经济人"假说真的完美无瑕吗？

二 "经济人"假说及其缺陷

"经济人"思想是重商主义者首先提出来的。如英国重商主义者约翰·海尔斯（John Hales）在1549年所著的《关于英格兰王国公共财富的讨论》一书中,就已提出了"人是追逐最大利润"的看法。近代西方哲学家霍布斯、洛克、休谟等对"经济人"做了大量的论述。在经济学史上，亚当·斯密可能是最早明确地把自利和追求利润最大化的"经济人"确定为经济分析出发点的学者。"经济人"是斯密《国富论》理论体系的基本立足点，也是斯密经济思想的核心。在斯密看来，"经济人"的行为动机就是追求自身利益。"我们期望的晚餐并非来自屠夫、酿酒师和面包师的恩惠，而是来自他们对自身利益的关切。我们不是向他们乞求仁慈，而是诉诸他们的自利心；我们从来不向他们谈论自己的需要，而只是谈论对他们的好处。"①

据《新帕尔格雷夫经济学大词典》的解释，所谓"经济人"就是在对经济行为者的许多不同描述中，"经济人"的称号通常加给那些在工具主义意义上具有理性的人。经济行为者具有充分有序的偏好、完备的信息和无懈可击的计算能力。理性的经济行为者总是在寻求讨价还价，选择那些能够比其他行为更好地满足自己偏好（或至少不会比现在更坏）的行为。法国经济学家保罗·阿尔布将"经济人"的基本特点归纳为：②

（1）"经济人"的行动只受个人利益的驱使；

（2）"经济人"只服从理性，他不会想入非非和心血来潮，他只想以最小的牺牲来满足自己最大的需要；

（3）"经济人"是一般意义上所说的笼统的人，是具有完全信息的人；

（4）"经济人"没有历史，只有现在，没有过去和未来；

（5）"经济人"完全是独立的和自由的，他独立于任何其他人，可以说是生活在孤岛上的鲁宾孙；

（6）"经济人"有三大主要哲学来源：享乐主义、功利主义和感觉主义。

"经济人"假设是一个在争论中逐步演化的假设。最初它可以

---

① [英]亚当·斯密：《国富论》，华夏出版社2007年版，第90—213页。
② [法]保罗·阿尔布：《经济心理学》，上海译文出版社1992年版，第103—105页。

称作"自利人"假设，即强调经济主体的自私自利的行为目标或效用函数。这种意义上的"经济人"假设受到不少人（主要是美国早期经济学家凯里，德国历史学派的克尼斯、施莫勒、布伦塔诺，美国制度学派的凡勃伦等）的指责，其理由是人并非在任何时候任何条件下都是自私自利的，而是也有利他的讲道德的一面。总之，对于"自利人"的假设，通常存在三种指责：一是认为该假设强调人们只追求物质利益的满足，忽视了对精神满足的追求；二是认为该假设忽视了人们的利他主义行为；三是认为该假设是鼓吹和主张自私自利。针对这些指责，"经济人"假设逐渐演化为"理性人"假设，强调经济主体总是追求其目标值或效用函数的最大化，至于这种目标是利己还是利他则不做具体的界定。"理性人"假设强调个人总是追求自身目标值的最大化，它涉及个人的行为动机及其与行为结果之间的关系。许多人在使用这个假设时往往包含了两方面的含义：一是认为个人的行为动机可以是利己也可以是利他的，是追求自身目标值的最大化；二是认为行为结果必定实现行为动机。这两种含义自20世纪30年代以来在西方经济学领域受到人们（主要是美国经济学家莱斯特、赫伯特·西蒙、莱本斯坦等）的两点质疑：一是个人未必一定追求目标值的最大化，很可能只追求令自己满意的目标值；二是个人受有限理性的制约，很可能并不了解最大化的目标值究竟是多少，也很可能并不了解实现目标值的最佳方法是什么。从逻辑上讲，可以把"经济人"分为两种表现类型：利他主导型和利己主导型，但在分析具体经济问题时则往往假设经济主体的目标或效用函数的主要内容是自利。所以，经济学的"经济人"假设实际上有两层含义，更基本的含义是"理性人"，更常用的含义是"自利人"。

"经济人"假说历经不同的发展阶段。古典"经济人"主要是由亚当·斯密建立的，认为"经济人"是有理性的，他在各种利益的比较中选择自己的最大利益，因而"经济人"是自利的。"毫无疑问，每个人生来首先和主要关心自己。"①"经济人"必须与道德相统一，并结合外在制度的强制以约束人的行为。"经济人"的利己性并非对社会有害，"经济人"追求自己的利益，往往使他能比真正处于本义的情况下更有效地促进社会的利益。斯密以"经济人"作为其思想的立足点，以"自然秩序"作为其思想的出发点来推演自己的整个经济学体系。另外，边沁的功利主义也对"经济人"思想产生了较大的影响。按照边沁的定义："功利原则指的就是：当我们对一种行为予以赞成和不赞成的时候，我们是看该行为是增多还是减少当事者的幸福。"功利原则的直接引申就是对行为的规定，内容有两点：其一，行为目的——追求幸福；其二，行为对象的规定——追求那些能够产生幸福的外在物，也就是利益。边沁认为，功利原则是一个无须证明的公理，是经验中的事实。古典"经济人"假说能够从总成本与总收益的比较中来阐释"经济人"假说，对经济学学科的独立化起到了一定的作用，但它没有具体地历史地从人与制度的关系中分析"经济人"，在论证个人利益和公共利益的关系中模糊不清，认为"经济人"的逐利行为在实现了个人利益最大化的同时，也实现了公共利益或社会利益的最大化，即便这种事实存在，这种观点也没有在理论上阐述清楚。而"无形之手"定理也根本没有考虑到"经济人"之间、"经济人"与社会之间的相互冲突和制约，从而对市场调节过程的描述存在很多遗漏和缺陷。

新古典"经济人"假说是在古典"经济人"假说的基础上又进一步完善和发展起来的。新古典"经济人"假说抛弃了古典"经济人"假说中的制度因素（道德伦理）及主观心理因素，转向理性选择，并用偏好代替了自利。它只考虑经济因素，试图对"经济人"做出严格的数学和逻辑上的形式化证明。这一时期的许多经济学家对"经济人"假说提出了自己的观点。杰文斯认为，经济学如果要

---

① [英]亚当·斯密：《道德情操论》，商务印书馆1997年版，第102页。

成为科学,必然且必须是一门数学性质的科学。帕累托认为,经济学只需考虑"经济人"的最大化理性行为,而无须考虑其背后的心理欲望。凯恩斯认为,经济学假设个人在他的全部经济关系中,完全只受一种开明的自利欲望所激励,而且凭利益所在而自由活动,只要不妨碍旁人的自由。由此得出"经济人"是一个抽象的人的结论,但绝非是主观的、随意的抽象。"经济人"活动的直接目的是花最小的劳动代价,达到最大的财富,而且仅就这一直接目的而言,我们才说他是完全只依自利行事的。① 弗里德曼将新古典"经济人"模式发展到一个新的阶段,即不问欲望,只论效果的阶段。弗里德曼认为不要过多注意假设的好或坏,而要看在这一假设条件下得出结论的真与伪;由结论的真,反推假设的好;反之,就不是好的假设。为适应数学方法使经济学严格形式化的需要,新古典经济学家对"经济人"进行了理想化的假设,即假定"经济人"在诸多的选择方案中,总能找到一种最优的选择方案,能够达到收益最大化的目的。为保证这个假设能够实现,他们又进一步假定制度既定不变,人的需求偏好是单一、稳定和可计量的,人们面临的是一个资源稀缺、完全竞争、只有单一价格信号的市场环境。在这种确定、简单的环境里,产权可以得到无成本的界定,信息可以无成本的获得,交易是个无摩擦的过程。新古典"经济人"假说避开了一些复杂的变量,能够较容易地引入数学分析方法,理论严谨而周密。因此,在经济学中处于明显的中心地位。数学结晶体在数理逻辑上无懈可击,但这一系列苛刻的假设条件把现实经济生活中极为重要的某些因素(制度背景、规模经济、外部效应、不确定性等)排斥在分析范围之外。而这些变量对人的行为以及经济世界的影响是极大的。因而,新制度经济学鼻祖科斯称新古典"经济人"假说

---

① [美] J. N. 凯恩斯:《政治经济学的范围和方法》,台湾银行经济研究室1970年版,第78页。

第一章 理论基础

为"脱离真实世界"的"黑板经济学"。[①]

"泛经济人"假说将"经济人"假说广泛应用于非经济领域，同时扩充了"经济人"的最大化目标，引入了非货币收入因素。这主要是西蒙的有限理性论和次优理论，以及以布坎南为代表的公共选择理论和贝克尔的经济理论等。西蒙认为，人的理性是有限的，由于受到信息、心理、生理和思维的限制，在现实生活中无法准确地求得最优解。有限理性的"经济人"不是最大化的追求者，而是要同真实世界的各种复杂事物发生各种关系，这些关系影响"经济人"的决策。布坎南将"经济人"的分析方法拓展到政治领域的研究中，将"经济人"与制度联系起来。加里·贝克尔也拓展了"经济人"的空间范围，认为"经济人"之所以是经济的，而且具有普遍意义，就是因为他是在对包括经济利益带来的效用和成本比较及道德、法律、伦理和心理感受等多方面的效用与损失比较的综合考虑后而做出某一行为或不行为的决策选择，因而可以肯定其行为是基于总效用最大化目标的，进而得出结论即现实中的"经济人"具有社会普遍性。在"泛经济人"假说中，经济学家看到了社会制度对"经济人"偏好和动机形成的影响，把它作为内在因素纳入了经济分析之中。随之，个人利益的范围也被扩展到纯经济利益以外的名誉、地位、尊重等精神价值，从而使"经济人"假说变得更有说服力。"泛经济人"假说从不同的领域提出了人性的假设，反映出人性的复杂性和多样性，力求使人性接近于现实生活中的人。但是，它还是忽视了在制度等社会环境影响下人的精神追求的巨大作用，忽视了制度在控制人的物质追求、决定人们在各种利益之间进行价值判断和价值选择的重大作用。他们只是妄想用纯经济成本分析法来囊括所有的精神价值，这显然是不可能的，也是"泛经济人"假说缺乏说服力的根源所在。"泛经济人"假说从本质上来看仍然是对新古典

---

① [美]奥利弗·E. 威廉姆森：《科斯：制度经济学家和制度建设者》，载《制度、契约与组织》，经济科学出版社2003年版，第62页。

"经济人"的继承和发展，缺乏对"经济人"背后的历史和环境的考虑，更没有从制度的角度进行详尽的分析。

经济学中的"经济人"假设与"稀缺性"假设一起构成经济学主要是现代主流经济学的最基础的两块拱石，它们几乎遍及于经济学的所有分支领域。"经济人"假说的构建实际上应用了两个方法：一种方法是通过抽象将制度省略或剔除掉。现有的大量增长模型就是将制度视为"自然状态"的一部分，因而制度被剔除掉了。在他们看来，这些制度不会发生变迁，它们或者是外生的，或者是一个适应于增长的动态变量。另一种方法是视制度变迁为给定的。这种方法认为制度变迁可能是重要的，但其关键的基本假定是这些制度变迁与经济增长无关。因此，制度被视为外生变量。

虽然"经济人"已构成主流经济学的基石，但是伴随着经济学的发展，对"经济人"的批判及争论一直悬而未决。19世纪中叶，美国经济学家亨利·凯里（Henry Charles Carey）对约翰·穆勒（John Stuart Mill）关于"经济人"的观点进行了猛烈抨击，20世纪初，美国制度学派（尤其是凡勃伦）对古典经济学的"经济人"进行了批判，19世纪后期，德国历史学派与奥地利学派展开了"经济人"之争。此后，还有20世纪40—50年代关于"利润最大化"问题的争论，以及20世纪后半叶关于"理性行为"问题的争论。随着现代经济学的发展，经济学的分支越来越多，对人的行为的研究视角也越来越多，"经济人"假说不断地被修正和完善。Janet T. Landa 和 Xiao Tian Wang 分析了有限理性的"经济人"在风险不确定的情况下，行为决策受到生态、社会及制度的限制。[1] 他们认为，在一个给定决策任务的环境下，人的决策行为不仅受到大脑认知的限制，还受到既定决策任务环境下行为策略与生态、社会及制度的适应性关系限制。他们的研究结果表明"经济人"的决策行为

---

[1] Janet T. Landa, Xiao Tian Wang, "Bounded Rationality of Economic Man: Decision Making under Ecological, Social, and Institutional Constrains", *Journal of Bioeconomics*, 2001, 3: 217–235.

必然受到制度的约束和限制。从诺贝尔经济学奖授予行为经济学家开始，行为经济学的研究已经得到了广泛的关注，人们研究经济问题越来越注重人的行为。在研究人的行为中，贴现因子作为影响人性的一个重要因素受到越来越广泛的重视，特别是 Laibson 的双曲贴现因子（hyperbolic discounting）备受关注。Laibson David 给出了双曲贴现因子模型[1]，Palacios - Huerta 利用该模型讨论了消费和证券组合问题。[2] Krusell 等利用拟双曲贴现效用在 Ramsey 模型中研究了消费和储蓄问题。[3] 这种改变贴现因子的方法是行为经济学研究的重要途径。自此，经济学逐渐侧重于从人们的偏好、禀赋方面研究经济决策。行为经济学修正了"经济人"是完全利己的这一假设，认为人不仅有利己的一面，而且还有利他的动机。类似地，实验经济学则通过诸多实验证实了现实生活中的人在很多时候表现出来的是非理性行为，由此批判了理性"经济人"假说。信息经济学揭示了现实世界中的信息具有不充分和不对称的特征，直接摒弃了理性经济人拥有完全信息的假定，描述了经济行为主体在信息不充分和不对称的情况下是如何进行经济活动的真实情景。

实际上，"经济人"最初的基本含义就是人的利己性，如果按照这种理念则很难解释人的利他性。近年来，行为经济学、实验经济学、社会生物学从不同角度研究了人的利他行为。以 Herbert Gintis 和 Samuel Bowles 等为代表的桑塔菲学派运用群体选择和演化博弈等理论解释了人的利他行为的演化，他们通过劳动力市场的强互惠（strong reciprocity）、最后通牒博弈（the ultimatum game）、公用品博弈（the public goods game）等诸多实验研究证实了人的利他性，他们关注合作与惩罚以及制度、文化与社会的共同演进。Gintis 的实

---

[1] Laibson, David, "A Cue - theory of Consumption", *Quarterly Journal of Economics*, 2001, 116: 81 -119.

[2] Palacios - Huerta, "Consumption and Portfolio Rules Under Hyperbolic Discounting", Working Paper, Brown University, 2001.

[3] Krusell, Per & Smith Jr., Anthony A., "Consumption - savings Decisions with Quasi - geometric Discounting", *Econometrica*, 2001, 71: 365 -377.

验研究揭示了无联系的个体间的相互作用关系无法用"经济人"的利己性进行解释,他们把这种相互作用关系称为强互惠,它是一种超越或突破"经济人"假说的人类行为模式,即超越利己动机而导向利他的行为动机。[①] 他们认为,个人愿意付出成本与他人合作并惩罚那些违反合作规则的人,而且这些人并不指望付出的成本在将来能够得到回报。Henrich 等在世界范围内利用数百个实验,通过跨学科的方式对"经济人"进行了广泛的研究。他们发现,研究结果与建立在"经济人"自利性上的标准模型的预测是完全相反的。[②] 他们采用跨文化的研究方式在最后通牒博弈、公用品博弈以及独裁博弈中研究人的行为,通过不同社会的局部展示了世界领域经济和文化条件的广泛不同。他们发现:①建立在自利性基础上的标准模型在所有社会的研究中都失败了。②在跨社会群体情况下,人的行为差异比以往的研究更加明显。③经济组织和社会结构中群体层面的差异部分地解释了跨社会的行为差异:社会市场化程度越高,日常生活中用于合作的支出成本也就越高。④可利用的个体层面上的经济和人口统计的差异不能完全一致性地解释群体内或群体间的博弈行为。⑤许多实验反映了人们日常生活的普遍联系方式。

可见,基于人的活动目的的复杂性和行为选择的多样性,即使在经济学领域,人们也不满足于仅仅从利己角度出发的"经济人"假说,而试图从多个角度给予人的不同行为以新的解释,从而期待新理论的出现。这就告诉我们,对于人的复杂性而言,仅仅从自利角度来解释人的行为是不够的,还需要从其他角度给出合理的解释,只有这样,展现在人们面前的才可能是具有多样性的丰富的活生生的人。但是,我们也看到了,在"经济人"假说赖以建立的深厚的经济学逻辑背景下,任何试图通过引进"效用""偏好"等概

---

① Gintis, H., "Strong Reciprocity and Human Sociality", *Journal of Theoretical Biology*, 2001, 206: 169-179.

② Henrich et al., "'Economic Man' in Cross-cultural Perspective: Behavioral Experiments in 15 Small-scale Societies", *Behavioral and Brian Sciences*, 2001, 28: 795-855.

念来将"利他"理念强行塞到经济学里的所谓拓展性研究，都是一种偷换概念的行为，直接违反了形式逻辑的矛盾同一律，混淆了性恶论和性善论的逻辑起点，最终导致经济学内在逻辑的混乱，尽管他们完全出于一片好心并做出了辛勤的努力。因为建立在性恶论基础上的"经济人"假说只能将人的利己性作为逻辑的起点，而假定需要建立一个以同样具有存在合理性的性善论为基础的经济学理论，它的逻辑起点应当是什么呢？毋庸置疑，利己与利他是截然不同的两种价值理念与行为的出发点，硬性地将其两者放入一个逻辑体系中，设定二元的逻辑起点，只会引起逻辑矛盾，而于事无补。在正义与科学的殿堂里，摆在我们经济学人面前的唯一选择，就是建立一个能够接受和包容利他主义的新的经济学逻辑体系，而不能在一个利己型经济学逻辑体系内搞二元论。除此之外，别无他途。

三 "制度人"假说的提出

在"制度人"假说提出之前，我们先探讨一下制度的含义。凡勃伦认为，制度根源于人们的思想和习惯，所以制度归根结底是受本能支配的。但制度一旦形成就会对人类行为产生约束力，并且制度也会在人的生存竞争中不断演化。康芒斯将制度理解为"集体行动控制个体行动"。[①] 而诺思认为"制度就是一个社会的游戏规则"，这些规则对各种组织的行为产生一般的限制，同时也给各种组织带来机会并以此推动经济的发展。舒尔茨关于制度的观点与诺思基本一致，他将制度定义为一种行为规则，这些规则涉及社会、政治及经济行为。[②] 青木昌彦把制度定义为均衡导向的（the equilibrium-oriented）或是内生的博弈规则。[③] 我们认为，制度是规范和约束（激励）人的行为的规则。它以三种形式存在：一是在人们思想观念形态上存在的规则，包括意识形态、道德规范、伦理观念等；二

---

① [美]康芒斯：《制度经济学》（上册），商务印书馆1962年版，第89页。
② [美]舒尔茨：《制度与人的经济价值的不断提高》，载《财产权利与制度变迁》，上海三联书店1994年版，第252—253页。
③ [日]青木昌彦：《比较制度分析》，上海远东出版社2001年版，第46—55页。

是形成文字的各种规则和契约；三是各种风俗、习惯等约定俗成的隐性规则或"潜规则"。

影响人的行为选择的因素是多方面的，其中有三种因素至关重要：一是宗教信仰。这在西方一些宗教信仰较强的国家表现得尤为明显。二是利益驱动。这是"经济人"假说建立的基础，因为"经济人"的目标就是追求利益最大化，从而形成经济人机制。三是制度约束（包括正式的和非正式的）。即行为选择遵循制度的规范和约束，以循规蹈矩为满足，从而形成"制度人"机制。受利益驱动的影响，人们会产生各种机会主义行为。要消除机会主义行为，就需要宗教信仰和制度的约束。而在宗教信仰缺失的国度，制度就极为重要了。

科斯定理告诉我们，在交易费用大于零的情况下，产权等制度安排会对资源配置、经济增长产生影响。有效的制度变迁对经济增长不仅有影响，而且这种影响是决定性的，即"制度决定论"。诺思之前的西方经济学家主要将某些生产要素或技术进步、人力资本投资等视为经济增长的决定因素，至于制度在经济增长中的作用却被排除在外，即将制度视为已知的、既定的"外生变量"。诺思于1968年发表了《1600—1850年海洋运输的生产率变化的原因》一文。该文经过对海洋运输成本各方面的统计分析结果发现，尽管这一阶段海洋运输技术没有发生大的变化，但海洋运输生产率却大大提高了。原因何在？主要是船运制度和市场制度发生了变化。他在1971年发表的《制度变迁与经济增长》一文中明确提出了制度变迁对经济增长具有重要作用的观点。制度变迁是如何推动经济增长的？对此，诺思分析了制度需求与制度供给，构造了一个制度需求分析框架：在现有制度结构下，由外部性、规模经济、风险和交易成本所引起收入的潜在增加不能内在化时，一种新制度的创新可能会应运而生，并使获取这些潜在收入的增加成为可能。诺思认为，经济制度之所以会发生创新是因为在社会中的个人或集体看到了承担这些变迁的成本是有利可图的，其目的在于创新者能获取一些在旧的制度安排下不可能得到的利润，从而使一项制度（或一种产品）贴现的预期收益超过预期成本。制度变迁的成本与收益之比对于促进或推迟制度变迁起着关键的作用，只有在预期收益大于预期成本的情形下，行为主体才会去推动直至最终实现制度变迁。在《经济史中的结构与变迁》一书中，诺思将制度变迁的供给方面纳入其分析框架中。诺思认为，制度变迁理论必须包含三大理论柱石：①描述一个体制中个人和集团激励的产权理论；②界定实施产权的国家理论；③影响人们对客观存在变化做出不同反应的意识形态理论。在《西方世界的兴起》一书中，诺思进一步指出："有效率的经济组织是经济增长的关键，一个有效率的经济组织在西欧的发展是西方兴起的原因所在。有效率的组织需要在制度上做出安排和确立所有权以便造成一种刺激，将个人的经济努力变成私人收益率接近社会收益率的活动。"[①]

制度何以决定经济增长？如何使个人的努力达到私人收益率接近社会收益率的水平？这就在于制度对人的行为的影响，即对人的激励，包括正激励和负激励。好的制度对人有正激励的作用，能够使坏人做好事，制度富有效率；不好的制度对人具有负激励的作用，使好人做坏事，制度处于低效率。对于制度的研究，离不开人，人是推动制度变迁的主体，制度脱离了人就成了"无源之水，无本之木"，再好的制度也只能是空中楼阁。"经济人"假设由于忽视了制度分析这一视角，没有找到人与制度互动的真正机理，从而始终没有找到良好社会秩序形成的密钥，不能对现实给予全面的合理解释。人的行为是复杂多变的，人性的假设应该符合现实生活中真实的人，这样才能更好地解释人的行为。严格来说，作为制度经济学的研究对象应当是置身于制度中的活生生的人。因此，制度与人，谁也离不开谁。制度是与人相联系的制度，人是生活在制度空

[①] ［美］道格拉斯·C. 诺思、罗伯特·托马斯：《西方世界的兴起》，华夏出版社1989年第1—5版。

间里的人，两者融为一个整体。制度的作用是因人而异的，离开具体的人的制度实际上沦为"摆设"。即使在法治社会里，制度的设计也要以人为基础。马克思主义经济学将生产关系作为研究对象，而生产关系是人们在物质资料生产过程中所结成的经济关系。生产关系体现了人与人、人与物、人与规则的关系。马克思从生产力与生产关系，经济基础与上层建筑这两对社会基本矛盾的辩证统一关系中揭示了人与制度的互动关系，但却没有将这种研究深入下去，仅仅停留在抽象层面上。人类在合规律、合规则的自然改造过程中推动着生产力的发展，生产力的发展又突破旧有制度下路径依赖的桎梏，推动着制度的变迁。

鉴于此，面对长期的经验积累，经过严谨的思考和逻辑推理，笔者提出"制度人"假说。"制度人"总是处于一定的制度环境中，以追求制度效用最大化为目标，行为方式以合乎规则为出发点，体现为一种循规蹈矩的追求制度效用的满足，达到人与制度合一的均衡状态——"制度人"。它是人与制度交互影响的产物，是人的自然属性和社会属性的统一。所谓制度效用最大化是指在复杂的制度结构中，当修改或增加任何一种制度安排时，都不能使行为人获得额外的满足，此时制度供求处于帕累托最优状态的均衡点，该均衡点给循规蹈矩的人带来最大的效用。也就是说，"制度人"出于对制度的敬仰和畏惧，在"合乎规则"这一理念与其他行为理念（如源于类本能的追求自我利益最大化）不断发生碰撞的过程中，基于人性、文化、观念等方面的作用，逐渐战胜了类本能，摒弃了利益机制，经过人性的长期修炼，逐渐成为一些人的行为选择。久而久之，人们的思维及其行为模式便形成一种惯性，逐渐沉淀为一种潜在模式，对人的思维及其行为起到了某种固化作用，最终形成一种思维模式和行为模式。面对极为复杂多样的人类群体类型，"制度人"假说不否认有的人类群体有追求利益最大化的一面，但也同时承认某一群体或某一个体在特定的时空点上存在追求制度效用最大化的一面。即使"制度人"在追求制度效用最大化的过程中也未必导致利益最大化，甚至存在不问利益只求遵循规则的满足。历史告诉我们，现实社会中确有一类人崇尚制度与伦理，终生追求制度效用的满足，但也不排除有一种人虽然在其生命大多数时点上表现为一个十足的"经济人"，仅仅在其生命的某一时空点上成为追求制度效用满足的"制度人"。可见，人是世界上最复杂的具有多面性的矛盾体。因此可以说，"制度人"不仅是指一个特殊的群体及其特征，而且也是一类个体在其生命某一时空点上所表现出来的一种特殊现象。"制度人"在长期的社会演进中逐渐形成了"社会契约"型的思维模式，崇尚超越于利益诉求的中性价值理念，需求结构达到了人类价值理念的升华。在人类社会最崇高的价值理念的主导下，"制度人"既受到制度的约束和规范，又不断设计、修正和完善制度，从而促进了制度的文明、社会的进步和人类的升华。这类"制度人"属于崇尚理念型，他所获得的制度效用是心理和精神上的满足。人类社会就是在这样一种自我完善、自我演进、自我进化的机制作用下不断取得进步和发展的。还有一类"制度人"属于低成本型。他们没有什么理想和抱负，喜欢简单、平淡、朴实的风格和生活模式，不愿意过"精于心计，精于算计"的费力人生，更不愿意去"折腾"。对于他们来说，照章办事，循规蹈矩，一切按照制度规定行事，不求有功，但求无过，确实是一种最简单、最省力、最平和的生活模式。该种类型的"制度人"所获得的制度效用是成本最小化、生活简单化、人际原始化。

"制度人"假说与"经济人"假说究竟有何区别？第一，"制度人"假说增加了利益中性这一分析视角，弥补了"经济人"假说对于多样性人类群体行为分析的遗漏，从而使经济学理论分析回归现实。第二，"制度人"假说建立在利益中性行为理念的基础上，而"经济人"假说则建立在性恶论基础之上。第三，"制度人"假说将制度作为内生变量，而"经济人"假说则将制度作为既定的外生变量或将制度剔除。第四，"制度人"追求的是规则，以制度效用最大化为目标，其行为方式长期受惯性的影响而逐渐固化，形成一种独特的思维模式和行为模式：只要按规则办事就得到了满足；而"经济人"追求的是利益，以利益最大化为目标，其行为方式是否依据规则，则取决于成本与收益的比较。因此，制度至上还是利益至上，这是两种假说的本质区别。第五，"制度人"很少存在机会主义行为，由于受制度约束的作用较大，因此能够降低社会管理成本；而"经济人"存在很多机会主义行为，其逐利行为往往会冲破制度的限制，因而会加大社会管理成本。特别是在集权体制下，制度往往沦为权力意志的玩物，形同虚设，导致社会维系成本过高。第六，"制度人"在追求制度效用时可能获得利益，但这只是该行为的"副产品"，同时也未必能够实现其利益的最大化。由此可以推导出"制度人"在遵循制度规范的情况下，其行为方式会产生四种结果：①利益最大化；②利益次优化；③收益为零；④利益受损。人的需要有多层次，我们通过观察发现，人们并非总是追求利益目标，在许多情况下，他们或基于某种理念，或基于对制度的笃信，或追求精神上的满足，只要得到此类满足，就不再介意利益是否受损。比较而言，"制度人"比"经济人"拥有更高的追求目标和思想境界，因而社会管理成本大大降低，整个社会更加和谐。

"制度人"假说构建的目的是创造合理的制度体系，科学规范人的行为，优化制度结构，降低制度成本，提高制度效率，为更加合理地解释人的所有行为提供一种新的逻辑。当然，"制度人"假说的建立需要一个前提条件，即制度应该是正确合理的制度。

"制度人"具有怎样的特征呢？"制度人"作为主体创造并修正和完善着制度，作为客体又受到制度的规范和约束。人总是在一定的制度约束下行事，人与制度是互动的，在这个互动的过程中，体现着制度演进中人的行为选择以及对世界的改变。正是缘于人与制度的互动机制才推动着制度变迁，进而影响经济增长。"制度人"把追求制度效用列为第一要义。由于"制度人"以追求规则为出发点，当制度供给与制度需求处于均衡状态时，制度最富有效率，交易成本也最低，制度效用满足的程度也是最高的。"制度人"的行为方式受惯例的影响而容易产生某种路径依赖。"制度人"在长期的"潜规则"影响下，一旦形成某种行为习惯则难以改变，导致路径依赖。这种路径依赖存在两种主要形式：一种是良性的，表现为积极上进的行为方式；另一种是惰（恶）性的，表现为消极堕落、不思进取的行为方式。这取决于制度路径的优劣与好坏。"制度人"的偏好和禀赋是影响其行为的内生变量。制度通过激励与约束影响人的需求和欲望，进而影响人的选择。人的需求结构和动机结构的结合形成人的偏好结构。制度对人的偏好具有塑造的功能，人的行为选择又受到偏好的直接影响。"制度人"的行为过程是个体偏好与制度博弈的结果。制度影响人的个体偏好结构，而人受个体偏好结构的影响又修订或变更着制度。"制度人"不仅遵循正式规则的安排，同时也按照一定的"潜规则"行事，这种"潜规则"被称为"个体行动法则"（law of individual action）。

"制度人"的行为方式遵循"个体行动法则"。那么，什么是"个体行动法则"？现实社会中的人并非单纯按照"经济人"的方式行动，而是在制度、生理反应、环境甄别、个体偏好的博弈均衡中做出行为选择。"个体行动"（individual action）是制度（institutions）、生理系统（physiological system）、环境辨识（environment recognition）及个体偏好结构（individual preferences structure）的函数。其中制度是核心变量，对人的行为起主要作用，其他三个方面是辅助变量，对人的行为起次要作用。在这里，制度又是时间的函数，它随着时间的推移而逐渐演进，由不成熟到成熟，由不完善到完善。用公式表示为：

$IA = f[I(t)、Ps、Er、Ip]$

式中，IA 代表个体行动，I、Ps、Er、Ip、t 分别代表制度、生理系统、环境辨识、个体偏好结构及时间。这些要素是如何影响"制度人"的行为的？

Hodgson（1988）认为，制度对人的"潜规则"的影响体现在与信息相关的认知性功能上。这种认知性功能包括三个方面：第一，制度能够为个体提供信息，包括其他人可能行动的征兆，从而使个人做出相应的策略性行动。第二，制度的认知作用也包括对人的悟性的影响，即人们如何选择信息并解释信息。第三，制度对人的行为的诱导作用。制度以其限制性的规范诱导人们的行为目标。对于制度与信息有关的认知作用，Demsetz（1967）、Schotter（1981）、Langlois（1986）、Knight（1997）和 Kiwit（2000）都做过一定的研究。诺思认为，制度的认知功能与制度的限制性功能有一定的联系。[①] Knight（1997）在研究人类文化学过程中提出社会制度对人的认知包括两种机制：一是社会文化的影响作用；二是文化、社会环境及历史的交融性的影响作用。Streit 等认为，制度不仅可以加速人的认知过程，更重要的是，制度作为文化环境的一部分，影响人们对信息的领悟。[②] 他们提出人脑创造解释环境的认知模型，这些认知模型像过滤器一样筛选信息，同时受接收到的信号刺激的影响，人脑的认知模型乃至于人的脑神经元系统会发生相应变化，进而影响人的悟性。Clark 认为，语言文字和社会经济制度是人的外在行为结构的一部分。Denzau 和诺思提出一个文化上共有的精神模型对于人们学习过程的重要性，这个文化领域共有的精神模型能够加速人们直接地从经验中获得认知，促进人们之间的交往，并且将这种从经验交往中获得的认知世代传承。Williamson 在强调文化和经济之间的关系时，指出了准则、风俗、传统等对认知起到了重要的作用。制度影响人行为的原因之一是制度认知功能产生的作用，制度认知功能影响人的偏好及环境辨识，也对人脑的认知模型产生一定的影响。

制度影响人行为的另外一个原因则是缘于制度的共用品特征（Public Goods）。共用品是指整个社会可以共同享用而不必付费的物

---

① [美] 道格拉斯·C. 诺思：《经济史中的结构与变迁》，上海三联书店1991年版，第2—30页。

② Streit, M., et al., "Views and Comments on Cognition, Rationality, and Institutions", *Journal of Institutional and Theoretical Economics*, 1997, 153: 688–692.

品。例如，国防、警察、消防、公共道路和公共卫生等。共用品具有两方面的特征：一是消费上的非竞争性；二是利益上的非排他性。共用品包括纯粹的共用品（具有非竞争性和非排他性）以及俱乐部物品（具有排斥性而不具有竞争性）。制度的共用品特征缘于制度的普适性。人人可以利用制度维护自己的利益和公共利益，并反对那些违背制度或破坏制度的人，以渴求一种良好的社会秩序。而制度的共用品特征又经常被机会主义者所利用，出现"搭便车"现象。好的制度对人起到激励作用，能够有效地抑制人的机会主义行为；不好的制度恰恰为机会主义行为提供了生存的空间。

制度对人的行为的影响往往随时间而改变，即存在"制度悖论"。在成熟的制度下，行为人追求利益最大化的同时，遵守制度规范是一种常态，个人利益最大化目标和国家制度规范相一致，这就符合了激励相容原理；在不成熟的制度下，行为人追求利益最大化的同时，往往违背制度规范，破坏制度成为一种常态，个人利益最大化目标与国家制度规范不一致，往往呈现出激励不相容的现象。

随着近年来神经科学的发展，研究者发现人的行为偏好受到人的生理系统的影响，其中受脑神经元系统影响因素最为显著。大脑存在一个分区叫作信息集结区，如果把大脑皮质去掉，那么就是中脑系统，它是负责情感记忆、情绪波动和一些本能的反应。中脑系统再下来就是脑干系统。脊椎动物只有脑干。中脑和大脑皮质之间有一个中介神经元构成的圆圈，这个区域叫作ADC，它是目前一部分脑科学家认为的自我意识的发源地。当情绪冲动时通常人们认为是非理性的，但后来发现情绪波动的时候控制情绪的神经在中脑和脑干之间，它发出的信号一直到ADC，然后ADC控制人，一些科学家由此推论理性和情感其实根本就不可能分开。贝彻拉等（Bechara et al.，1999）通过实验观察到人们在面对风险的时候是认知和情感一起决定行为的。

人总是处在一定的环境之中，人对环境的辨识源于人的理性、知识、信息及经验。人可能因缺乏知识经验和信息而同时追求互相冲突的几个目标，从而导致人的非理性的存在。人所处的环境包括社会环境、文化环境、制度环境以及自然环境等。不同的人对环境的辨识能力是不同的。西蒙认为，建立在对现实的主观感知基础之上的意识形态是决定人类选择的重要因素。西蒙通过引入信息的复杂性和不完备性来分析人类行为。在《可预期行为的诸种起源》一文中，罗纳德·海纳（Ronald Heiner，1983）指出，存在于代理人辨识问题的能力与选择最佳方案的困难之间的差距，即 CD 差距（CD gap）是了解人类行为的关键。CD 差距越大，则代理人越有可能采用常规性的且十分局限的模式来应对与这种差距相联系的不确定性和复杂性。海纳指出，事实上，这种不确定性不仅产生了可预期行为，而且还是制度的根本来源。人的理性反映在个体行为与集体策略的博弈中。个人在做出选择的时候，需要考虑其他人的选择。在群体策略中，理性难以达成共识。

个人的认知能力与知识积累有关。在现实生活中，人与人之间的交往受制于知识的限制。表现为关于未来，人们只有不确定的知识（未来的不确定性），但他们必须猜测未来以便行动。人们喜欢获得减少不确定性和鼓舞信息的帮助；人们在了解资源、潜在交易伙伴以及它们的精确特征上具有"横向不确定性"（sideways uncertainty）。特别是当人们需要让别人为他们做事时，他们常常不清楚那些代理人究竟是忠诚、可靠、尽其所能，还是玩忽职守（柯武刚、史漫飞，2000）。由于环境的复杂性、未来的不确定性以及个人接收和处理信息的有限能力，个人在制定决策时所依据的一般知识和具体知识的存量都不可能是足够的，而是有限的。个人的知识水平及对信息的掌握程度，直接影响其认知水平，因而也极易产生认知障碍。有时候，人的理性容易被情绪所替代，产生了我们称其为情绪对理性的"替代效应"。在情绪替代理性的情况下，人的行为往往表现出较大的不确定性。

个体偏好结构由人的需求结构和动机结构构成。人的社会性意味着人们总是在一定的社会关系中生活，而把彼此各不相同的人联系起来的是需求，人与人之间的关系实际上就是需求关系。只有从人的需求出发，才能真正理解人的本性。关于人的需求，马斯洛的"需求层次说"至今仍然是这一领域里最重要的研究成果。马斯洛认为，排列在最前面的是生理上的需求，然后依次为：安全需求、归属与爱的需求、尊重的需求、认知的需求、审美的需求以及自我实现的需求。人的各种基本需求有一个由低到高的等级排列。当较低水平的需求层次得到满足后，人的需求会向更高的层次递进。人的需求层次性和利己（他）性是息息相关的。当需求层次较低时，人性多反映出利己的一面；当需求层次较高时，人性多反映出利他的一面。有什么样的需求结构就有什么样的动机结构。人的行为是由动机支配的，人的行为一般来说都是有目的的，都是在某种动机的支配下为了达到某个目标而实施的。动机是人们行动的内在原因。人的动机受人的需求层次的影响，也可划分为若干层次，即由追求生理满足的物质价值动机向追求道德、文化等精神价值动机递进。从受益的对象来看，人的动机有利己和利他之分。利己动机分为两种情况：损人利己的方式和利己但不损人的方式。利他动机也分为两种情况：利他不损己的方式和舍己为人的方式。经济变量和经济制度的状况是在具有一定动机的人的相互博弈下形成的。从行为方式来看，人的动机又分为根本动机和具体动机。根本动机是人们从事各种活动的出发点和最终行动目标，受制度因素影响较小，具有较强的稳定性。具体动机是围绕根本动机而引发的相关动机，它受制度因素影响较大，具有较强的波动性。追求自身欲望的满足或追求广义的快乐是人们进行经济活动以及其他一切活动的根本动机（石里克，1997）。根本动机在很大程度上是由遗传决定的，而它的具体表现形式则大多由环境、社会和文化等因素决定的。

第二节 制度与行为

制度的调整,是对人的行为的控制和调整;制度的运作,也有赖于人的行动来完成。人与制度的运作息息相关。没有人对制度的认可及在此基础上其行为对制度的启动,制度的运作就无法有效进行。

一 人对制度的作用

制度在人的行为中形成与演化。制度的生成有两种方式,一种是靠制度的自发演进,另一种则靠人有意识的自主设计。如果只有制度的自发演进,没有人有意识的制度设计,有利于人类社会各种有效制度的形成历程将会十分的漫长。由于制度自发演进的主要动力来自环境的变化,如生产力的发展、技术的进步、人口数量及资源稀缺程度的变化等。因此,在生产力和技术发生变化的情况下,制度也会随之发生演进。而且,即便在技术没有发生变化的情况下,制度设计也可以加速制度的自我演进。从以促进技术创新的制度的形成来看,如果没有人为的制度设计,如专利制度、风险投资制度等一系列促进技术创新的制度形成,那么人类社会迄今所获得的进步与发展则会需要更加漫长的时间。20 世纪以来,西方国家技术进步的速度加快,除了科学知识的迅速发展和积累的影响以外,有利于技术进步的新制度的不断出现与完善显然起到了重要的作用,而这正是人为加速制度设计的结果。制度是一种属人的活动。从某些规则来看,制度毕竟是由人来设计的,也要由人来执行和遵守的,同样的制度被执行的结果如何与执行者的不同素质密切相关,有时结果会截然不同。诚如卡尔·波普(1999)所揭示的那样:"不仅制度的结构包含有重要的人格决定,而且即使是最好的制度,也常常在很大程度上依赖于相关的人。制度好似堡垒,它们得由人来精心设计并操纵。"人的本质决定了人必须通过束缚达到自由，人就是在自由与束缚的对立统一中寻求自我实现和自我解放的。

人为的制度设计不仅能够加速制度的演化过程，而且能够摆脱恶性的制度依赖。诺思指出，在制度变迁中存在着报酬递增和自我强化的机制，这种机制使制度变迁一旦走上了某一条路径，它的既定方向会在以后的发展中得到自我强化，这就是路径依赖。路径依赖是制度自发演进中的一种重要现象。沿着既定的路径，制度变迁可能进入良性循环的轨道，但也可能顺着错误的轨道下滑，甚至被锁定在某种无效率的状态之下，要想摆脱出来则相当困难。制度的功能是强大的，但是制度并非包治百病的良药。任何一项制度都是一个时代的产物，具有明显的时代性，随着社会的发展往往具有滞后、僵化的特点，加上制度被制定时难免会带有主观片面性，最终形成某种局限性。在这种情况下，就需要人对制度进行调整或修正，需要进行制度创新。

人对制度的崇尚与遵从促进了良好社会秩序的形成与社会的和谐，从而也使该项制度得以稳固下来，具有了强大的生命力。良好社会秩序的形成离不开制度，试想我们生存的社会，如果没有了制度会是怎样的？我们的财产将无法得到保障，我们的安全将受到威胁，我们将无法生存。人类离不开制度，千百年来正是由于人们对制度的认同和崇尚，对制度孜孜不倦的追求，赋予制度强大的威慑力，才使制度具有了内在的生命力。

二 制度对人的作用

制度抑制人的机会主义行为，保障人的合法权益，形成稳定的社会秩序。让我们体会一下"分粥法则"的故事。有7个人组成的小团体，他们想通过制度安排来解决每天的吃饭问题——要在没有计量工具且没有刻度容器的情况下分食"一锅粥"。大家发挥聪明才智，试验了多种办法，经多次博弈后规则演变的过程大致如下：

规则一：指定一个人负责分粥事宜。很快大家就发现，这个人为自己分的粥最多，于是换一个人，结果总是主持分粥的人碗里的粥最多、最好。规则二：指定一个分粥人士和一个监督人士，起初比较公平，到后来分粥人士和监督人士从权力制约走向"权力合作"，于是分粥人士和监督人士分的粥最多。规则三：谁也信不过，干脆大家轮流主持分粥，每人一天。这样等于承认了每人有为自己多分粥的权力，同时又给了每个人这样的机会。虽然看起来平等了，但每人每周只有1天吃得饱且有剩余，其他6天都饥饿难挨。规则四：民主推选一个信得过的人分粥。这位品德高尚的人开始还能公平分粥，但不久以后他就有意识地为自己和拍他马屁的人多分。规则五：每个人轮流值日分粥，但分粥的那个人要最后一个领粥。令人惊奇的是，在这一制度下，七个碗里的粥每次都是一样多，就像用科学仪器量过一样。从上述每一次规则设计的选择来看，均是参与主体在有限理性条件下对制度的理性设计；在五种不同的规则下，制度对团体成员具有不同的约束，形成不同的行为逻辑，产生不同的行为结果，从而形象地说明了制度的变化怎样引起人们行为的变化。

  自利来自人类的生物本能。人在追求自我利益的情况下，往往会产生机会主义行为。这就意味着人作为一个矛盾体的存在，需要制度来约束、规范和指引。那么，如何约束人的行动从而抑制其机会主义行为？这就需要制度安排。好的制度安排体现在人在追求私利的同时，能够兼顾他人的利益，从而使社会整体利益最大化。原则上可以有三种途径能使人为他人利益而尽力：①他们出于爱、团结或其他各种利他主义的追求而有益于他人；②他们受到胁迫，胁迫者以对他们使用暴力（命令）相威胁；③他们按其自己的自由意志行动，但出于明智的自利动机，因为他们预期能获得充分的回报。这样，他们在为别人的同时获得了对自己有利的副效应。制度确定了人在政治、经济、文化、社会各方面的权利和利益的配置，引导人们形成良好的行为规范。制度的建立与选择、变革与创新能否与实现人的合理权益相一致，就成为衡量各项制度正当性的根本尺度。人们要实现自己的合理权益就要建立合理的制度；反之，合理权益的实现也体现了制度的合理性。制度通过对人们合理权益的保障,促进了人的自由、和谐和全面发展。另外,统治者的权力需要靠制度来约束和制衡,从而减少统治者权力的滥用。孟德斯鸠(1997)曾深刻地告诫人们:"一切有权力的人都容易滥用权力,这是万古不变的一条经验。有权力的人们使用权力直到遇到界限的地方休止。"德国近代著名政治思想家威廉·冯·洪堡看到了权力背后的人性弱点:"人有一种欲望,即他总是想超越合法为他们划定的范围,去干涉他人的领域。"① 因而对于当权者来说,单纯依靠自我约束是远远不够的,还必须依靠外在制度的约束即他律才行。对此,杰斐逊有过精辟的阐述:"在权力问题上,不要侈谈对人的信任,而是要用宪法的锁链来约束他们不做坏事。"

制度对"制度人"具有很好的约束作用,但对"经济人"的约束力则相对薄弱。严格意义上的"制度人"仅以制度作为自己行为的唯一导向,因而不存在经济学意义上的机会主义行为。"经济人"由于追求自我利益的最大化,因而存在严重的机会主义,他是否遵循规则,则取决于能否实现自我利益的最大化。现实生活中的违法违纪事件,就源于"经济人"的自我利益膨胀。

制度为合作创造便利条件。在早期北美的两个印第安部落之间,由于争夺某一河心岛的狩猎权而发生争执。多年的武力争斗使双方饱经沧桑,因而这两个部落的首领不同寻常地决定用和谈的方式解决争端。敌对的双方在会面时局促不安,同时又略带傲慢和挑衅的态度——在当时,甚至在今天,人类都有着这样一种"传统",即极可能把和解的愿望误解为懦弱。因此,双方的首领在会面时都以保持沉默为策略。在这令人有点尴尬的情形下,碰巧其中一位酋长点起烟管,另一位随后也点燃了自己的烟管,结果气氛缓和下来,逐渐进入了议题,最后达成了和解。久而久之,抽烟便成了寻求和解的

---

① [德]威廉·冯·洪堡:《论国家的作用》,中国社会科学出版社1998年版,第59页。

◇"冰上丝绸之路"合作制度设计

必要仪式和习惯。最后，它成为每个印第安人必须遵循的规则：在抽烟过后就禁止相互攻击。由此，烟管也就变成了和平的象征。①

这种非正式制度的形成，为人们之间的合作创造了条件，后来沉淀为一种惯例，逐渐为人们所认可，从而减少了人们之间的矛盾和冲突。在现实生活中，人与人之间既有竞争，又有合作。由于人的有限理性、信息不对称及交易成本的存在，在没有制度的情况下，人们之间难以达成合作。制度通过规范人们之间的相互关系，为合作提供有效的信息，从而可以降低信息成本，减少人们行为的不确定性，使合作得以顺利进行。

比较而言，"制度人"更容易合作，而"经济人"由于自我利益的原因，常常把竞争与合作视为实现自我利益最大化的手段，只要自我利益需要，就不惜诉诸战争与暴力。而"制度人"则不同，合作一旦被赋予了制度的文明含义，就会成为"制度人"的追求。

制度能够提供一种激励机制。19世纪英国政府雇佣船只把罪犯送到澳洲。由于船上过分拥挤，往往造成罪犯大量死亡。为了降低死亡率，英国政府通过立法规定了最低食物标准和医疗标准。但出于私利，船长往往不照章办事，因此法律难见实效。如果派官员到船上进行监督，又极可能会出现官员们接受船长的贿赂或是会受其威胁等问题，这样，法律不仅依然得不到有效执行，而且还引发了我们通常抱怨的执法环节的一系列问题。但最终问题还是得到了顺利地解决——船长们之所以这样做，就是为了谋取私利。为了顺应他们的这种心理要求，政府出台了新的规定：改变原来的付费方式，不再按上船时的人数付费，而是按照到达澳洲时下船的人数付费。如此一来，问题迎刃而解。无须政府的督促，船长自身就有了积极行动的动力，他们开始主动采取各种措施改善罪犯的生活条件，以尽可能降低其死亡率，这样政府欲达到的目标很快就得到了实现。

---

① 转引自张宇燕《经济发展与制度选择》，中国人民大学出版社1992年版，第146—147页。

制度支配着人的行为，规范着他们行为方式的选择，影响着他们的利益分配、社会资源配置的效率和人力资源的发展。因此，制度的激励作用在不同领域的表现都应当符合社会价值的公共导向。制度对人的核心功能应是激励。所谓激励，就是要使人具有从事某种活动的内在推动力。通俗地说，就是调动人的积极性、主动性和创造性，促进人的个性解放。一个有效的制度，应明确界定行为主体获取与其努力相一致的收益的权利。如果一个人为了某种有益的活动投入的成本过高，其收益被明显外在化。也就是说，他为了实现这个目的而承担了高昂的代价与费用，但收益外在化地被他交易对象之外的第三者免费地享受（"搭便车"）或强制性地剥夺了，那么个人通常就没有动力去从事这些有益的活动。

对于制度的激励作用，"经济人"与"制度人"的敏感程度是不同的。在强激励制度下和弱激励制度下，"制度人"的反应基本没有差异，而"经济人"的反应则差异较大。

三 基于"制度人"假说的人与制度互动机理

新古典经济学远离乃至丧失了人作为经济分析对象的主体地位。老制度经济学派看到了人的重要性，同时也看到了制度因素在经济学分析中的重要性，但他们研究的理论体系是粗糙的。制度演化学派认为社会演进是多种要素共同进化和相互作用的结果。Norgaard 最先将共同进化理论应用于社会经济的研究中，他认为社会进化是社会五大子系统——知识、价值、组织、技术和环境之间的信息反馈及交互影响的结果。[1] Boyd 和 Richerson 提出双继承理论，认为进化是所有人类行为的基础，但是应当扩大到文化获取或学习领域。[2] 近年来，行为经济学在心理学的基础上提出了更丰富的行为假定理论，考察了由这些行为假定所刻画的经济当事人如何调整最优决策

---

[1] Norgaard, R. B., "Coevolutionary Development Potential", *Land Economics*, 1984, 60: 160-173.

[2] Boyd, R., Richerson, P., "Punishment Allows the Evolution of Cooperation (or Anything Else) in Sizable Groups", *Journal of Ethology and Sociobiology*, 1992, 13: 171-195.

◇ "冰上丝绸之路"合作制度设计

方式,从而如何影响均衡结果,认为对经济行为的研究必须建立在现实的心理特征而不是抽象的行为假设的基础上。而建立在"制度人"假说基础之上的人与制度的互动机理,既可弥补忽视人或忽视制度的割裂式的研究方式,又从人与制度的交互影响的整体特征中研究社会演进,同时注重人的需求、心理、偏好等因素,从而形成了"制度人"的自然属性与社会属性的统一。

人与制度的关系是双向的。一方面,一切制度都是通过人的行为而形成、维持与演化;另一方面,任何人的行为及支配行为的动机又总是受到既定制度的影响、约束和控制。对此,笔者描述了人与制度的互动机理,如图1-1所示。

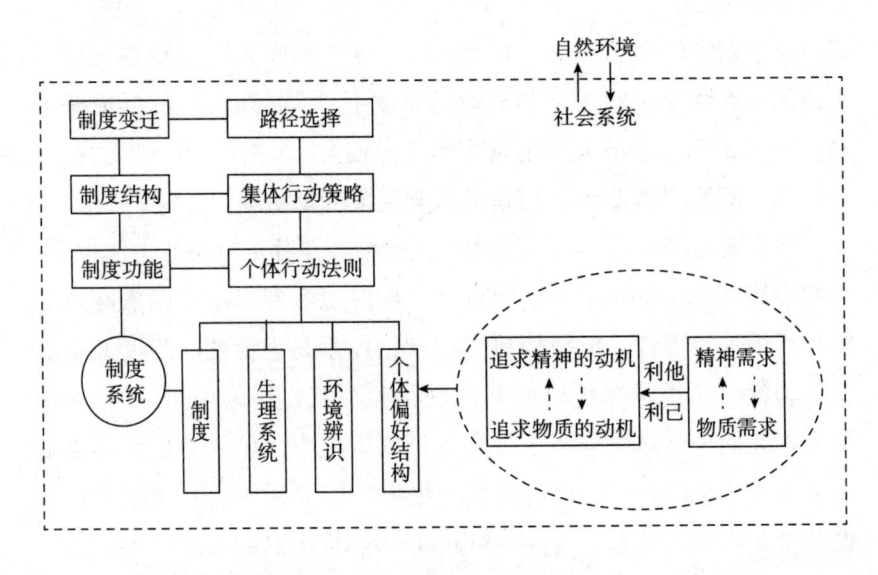

图1-1 人与制度的互动机理

图1-1的主要含义如下:

人与制度都存在于"社会系统"之中。人是社会的人,社会是人的社会,人的一切社会活动都处于制度的约束和规范下。

社会系统与自然环境是交互影响的,这种交互关系体现在制度对社会系统与自然系统的和谐具有何种影响,人的行为是符合制度还是违背制度，进而对整个世界产生何种影响。

制度系统是开放的，不断与社会系统进行交融。制度系统决定着制度功能，制度塑造人，扩展人的有限理性。个人在制度的规范和约束下，按照"个体行动法则"行事，"个体行动"是制度、生理系统、环境辨识及个体偏好的函数。个体行动法则和集体行动策略是相互博弈的，两者博弈的结果推动着制度变迁，体现着人对制度的塑造。制度变迁改变了制度结构，从而又影响制度功能。

制度如何塑造人呢？世界是纷繁复杂的，个人在吸纳知识和信息上需要付出成本，因而只具备有限的能力。制度具有传递性，减少了每一代人都要重新学习的成本。制度界定、约束了个体在追求制度效用最大化时所采用的策略：行为符合制度的规范。制度规范体现了一个密切联系的群体或共同体中成员的兴趣和偏好，支持着人与人之间的信用和信任。因此，在制度均衡的条件下，遵循制度可以减少人类行为的不确定性，降低交易成本；而违背制度将会受到惩罚或带来低效率。正是基于这一点，长期以来人类才形成了对制度的敬仰和畏惧。制度对人的行为的规范和约束主要体现在制度功能上：抑制人的机会主义行为，使人的行为变得可预见，减少经济活动的外部性和不确定性，增加逃避义务的风险；提供激励机制，为合作创造条件，从而降低交易费用；弥补人知识的不足，扩展人的有限理性。

人如何塑造制度呢？个人按照"个体行动法则"行事。"个体行动"主要受个体偏好结构的影响和作用。个体偏好结构由需求结构和动机结构组成。人的需求结构的层次性决定了人的动机结构的层次性。需求结构由物质需求层次向精神需求层次逐渐递进，从而使人的动机结构由物质层面向精神层面逐次递进。人的动机在由追求物质动机向追求精神动机的递进中，既有利己的一面，又有利他的一面。而利己还是利他的行为又受到人的生活水平、文化程度、道德修养以及由此决定的需求层次的影响。比较而言，物质生活水平、文化程度、道德修养较高的群体通常具有的利他动机明显高于其他群体，因此可以说，复杂的偏好结构，决定着人们不同的行为目标和手段，即决定追求什么利益和怎样追求利益，进而影响人的认知结构。

人对制度的塑造源于人的认知结构、环境辨识能力及人性的发展变化。人的偏好结构及知识结构影响人的认知结构；人的交往协作、信息分享及不断学习提高了人的环境辨识能力。人类在个体行动与集体策略的博弈中发展与演进，博弈的结果导致人的价值观念、认知特征发生改变，从而对制度的选择发生改变，对制度做出新的调整和修订，体现出人对制度的设计。人性的发展要求制度与其相适应。人类从对群体依赖的原始蒙昧时代，进化到对物的依赖的文明时代，再到自由个性得以张扬的全面发展的最高阶段，体现着由对物的贪欲转向自由博爱、诚信合作、社会公平、共同进步、人与自然和谐发展的更高的精神追求。人类为实现既定的目标，具有多种路径选择。而在多种路径选择的情况下，行为方式产生不同的结果：有些是有利于社会的，有些是损害社会的。人类行为的复杂性和路径选择的多样性决定制度变迁的方向。人类的发展要求制度变迁要为有益于社会进步的方面提供更多的激励，而对有损于社会的行为给予严厉的惩罚。

制度变迁改变了制度结构。制度结构是正式制度和非正式制度的集合。正式制度是指法律、规章、行政条例等以文字形式公布于众的"有形的"制度。非正式制度则是指习惯、道德、意识形态、价值观念、风俗习性等为人们以非正式的形式所认可并遵守的"无形的"制度。正式制度和非正式制度在一定情况下是可以相互转化、相互替代的，两者不仅在构成制度结构中具有互补性，而且在制度的实施机制上也具有互补性。只有在正式制度与非正式制度形成结构和功能上的耦合时，制度的效用才可能达到最大化。制度建立在人类行为的基础上，人的行为的复杂性，决定了制度结构的复杂性，从而使制度功能更加完善、制度更富有效率。

"制度人"假说的提出在理论上和实践中的贡献：一是实现了

经济学对人的研究与对制度的研究的有机统一，将附着在"制度人"身上的制度作为内生于理论模型中的变量和促进经济增长的变量，克服了经济人仅具有外部约束的狭隘性，使经济学的研究真正回归现实，而以往主流经济学的研究存在一种把制度加以剥离或抽象化的弊端，隔离了人与制度的内在联系。二是提出了"个体行动法则"，并认为"个体行动"是制度、生理系统、环境辨识、个体偏好结构的函数，从而深化了对人类行为的认识。三是从"制度人"的视角阐述了制度与人的互动机理，将人的行为选择与制度的设计有机地统一起来。四是给出了人类行为和社会治理模式多样性一种全新的解释。毋庸置疑，现实生活中确实存在超越于人们利益之上的行为和动机，即行为中性。完全基于规则来决定行为，属于制度理性，无论其个人成本还是社会成本都是最低的，需要满足的前提条件是制度合理。越是成熟的社会，制度理性就越强。五是对经济学中利他主义的存在提供了合理的解释，从而真正解决了"斯密问题"的争端，弥补了以往经济学通过效用概念对利他行为的解释而无视人们主观上存在利他动机的缺陷。斯密曾在《国民的性质和原因的研究》一文中指出，凡生活在社会中的人，无不心怀"自利的打算"，即"经济人"是利己的。同时，斯密又在《道德情操论》一文中，从人的"同情心"出发，用同情的原理来解释人类正义感和其他一切道德情感的根源，认为"同情心"是利他行为存在的依据，是社会得以维系的基础。这个悖论引发了"斯密问题"。我们的研究结论表明，这种客观存在的利他行为如果用"制度人"来解释，就显得合情合理。由于"制度人"把遵循制度规范作为一种基本的行为方式，因此在利益中性价值理念的作用机制下，其行为方式必然受到规则、道德、习俗、惯例等因素的影响，从而表现出利他性。总而言之，"制度人"假说进一步明确了制度经济学的研究方向，扩展了经济学的理论空间，弥补了当代经济学理论解释的不足。

因此，在中国有必要建立起"制度人"机制，将制度规范作为公民的行为准则,从小培养人们的"制度人"理念,弥补建立在"经济人"基础上的人治模式的缺陷。

总之,制度文明是人类文明和社会进步的主要标志,制度是解释经济增长和社会发展的最终根源。未来人类社会的文明与进步取决于制度文明的实现程度,而制度文明实现的程度又取决于"经济人"向"制度人"转化的程度。

第三节 利益、偏好与国际合作

从"经济人"到"制度人"的研究是以个体理性为研究基础的,而本书研究的核心是集体行动问题,这种理论架构似乎存在悖论,让笔者借用亚当·斯密的观点来阐释这个问题吧。在亚当·斯密看来,个体理性的总和与集体行动后果是统一的,每个个体在市场生活中趋利避害的行为会自动导致整个社会福利的提高,即宏观行为是一切个体微观决定和行动的直线相加。纯粹的市场,按照古典经济学的假设,是由一只"看不见的手"的力量支配着的,这只"看不见的手"使市场的运转处于有条不紊的状态,如果出现过多或不必要的政府干预,市场就可能处于失灵的状态。个体理性与集体理性一致的假说在斯密那里得到鲜明体现,斯密认为,各个人都不断地努力为他自己所能支配的资本找到最有利的用途。固然,他所考虑的不是社会的利益,而是他自身的利益,但是他对自身利益的研究自然会或说必然会引导他选定最有利于社会的用途。另外,本书所阐述的国际社会中的个体或行为主体,主要指的是国家或者是国际社会组织,是被放大化的一种特殊个体,其行为方式是以理性为准绳,遵循"制度人"的行为规则。

一 集体行动

集体行动可被理解为一群个体为获取共同利益所采取的一次或者一系列行动,对某些人来说,集体行动可能是一种自愿行为,而对于其他人来说，也可能是一种强制义务。尽管集体行动经常被视为正式组织的活动，但许多正式组织并没有对任何实际的集体行动作出贡献。另外，许多集体行动是通过社会活动进行的，甚至是有那些为了特殊目的而集聚起来的人通过非正式方式进行的。因此，集体行动既可以是一件事件，也可以是一项进程，或者是一个组织。著名经济学家曼瑟·奥尔森（Mancur Olson）在为桑德勒（Todd Sandler）《集体行动》一书所写的序言中说，所有的社会科学研究范畴，几乎都是围绕两条定律展开的。第一条定律是"有时当每个个体只考虑自己利益的时候，会自动出现一种集体的理性结果"，第二条定律是"有时第一条定律不起作用，不管每个个体多么明智地追寻自我利益，都不会自动出现一种社会的理性结果"。[1]全球公共问题到底指的是什么意思？所谓公共的，按照布坎南（James M. Buchanan）的解释，就是"任何由集团或社会团体决定，为了任何原因，通过集体组织提供的物品或服务，都被定义为公共的"。[2] 哈丁所谓的"公地悲剧"反映了现实生活中无处不在的集体行动困境。实际上，对于集体行动问题，意大利著名经济学家维尔弗雷德·帕累托（Vilfredo Pareto）早在1935年的《观念与社会》一书中就写道："如果所有的个人都克制不要去做某件事情，那么作为共同体（community）中的每个个人都会从这种行为中得到好处；但是现在如果共同体中所有的人都坚持不去做这件事，那么共同体的整个福利损失非常微小，但是那个违背常人行动去做这件事的人，所能获得的个人收益会远远大于他作为共同体成员所承担的成本。"[3] 这就是集体行动的逻辑。

---

[1] Mancur Olson, "Forewood" in Todd Sandler, *Collective Action: Theory and Applications*, The University of Michigan Press, 1992.
[2] 詹姆斯-布坎南：《民主过程中的财政》，唐寿宁译，上海三联书店1992年版，第13页。
[3] Vilfredo Pareto, *The Mind and Society*, New York: Harcout and Brace, 1935, pp. 946-947. 转引自 Russell Hardin, *Collective Action*, Baltimore: The Johns Hopkins University Press, 1982, p. 80。

◇ "冰上丝绸之路"合作制度设计

第一个从理论上详细阐述了集体行动困境问题根源的，当属美国马里兰大学的著名经济学家曼瑟·奥尔森。奥尔森在《集体行动的逻辑》一书中，开篇即对流行的认为"集团利益的存在会促使集团成员为了共同利益而行动"的观点提出质问，指出，"认为从理性的和寻求自我利益的这一前提可以逻辑地推出集团会从自身利益出发采取行动，这种观念事实上是不正确的"，"实际上，除非一个集团中人数很少，或者除非存在强制或其他特殊手段以使个人按照他们的共同利益行事，有理性的、寻求自我利益的个人不会采取行动以实现他们的共同或集体利益"。[①] 为什么会出现这样的问题，奥尔森认为，关键在于因为具有公共物品特性的集团利益所引起的个体"搭便车"行为的问题（free-riding problem）上。在奥尔森看来，集团的共同利益，实际上可以等同或者类似一种公共物品。任何公共物品都具有供应的相联性（jointness of supply）与排他的不可能性（impossibility of exclusion）两个特征。公共物品的这两个特点决定集团成员在公共物品的消费和供给上存在"搭便车"的动机。也就是说，即使不为公共物品的生产和供应承担任何成本，照样可以享用公共物品带来的好处，因为公共物品的消费存在排他的不可能性。另外，奥尔森还认为，当集团的成员越多，个体就越会产生"有我没我影响不大"的消极心理，因而个体对公共物品或共同利益的生产就会采取漠不关心的态度。这就是奥尔森所说的大集团集体行动困境的根源所在。制度给人们提供了共同生活和工作的途径，通过制度个人和他人的共同行动，产生了单独行动所不能取得的收益，因此制度能够激励集体行动和合作。就时间成本和单独行动所获收益来说，集体行动成本较高，但当收益高于成本时，人们就愿意参与集体行动。

二 政治偏好影响

新制度学派代表人物诺思在《制度、制度变迁与经济绩效》一

[①] 曼瑟·奥尔森：《集体行动的逻辑》，陈郁等译，上海三联书店、上海人民出版社1996年版，第2页。

第一章 理论基础

书中指出："人类行为比经济学家模型中的个人效用函数所包含的内容更为复杂。有许多情况不仅是一种财富最大化行为，而是利他的和自我施加的约束，它们会根本改变人们实际作出选择的结果。"[①] 诺思认为，新古典经济学的"经济人假设"可以解释人们为什么总是按自我利益行事，也可以解释"搭便车"问题的原因与结果，但却不能解释人的利他行为，也无法解释为什么人们有时能回避个人利益而服从社会规则。人的决策不是，也不可能使个体利益最大化，而是取决于周围环境的制约，以及本能、习惯、习俗、从众等非理性因素的影响，个体这样，集体亦是如此。

利益左右着竞争与合作的关系。当利益不一致甚至冲突时，合作者需要寻求利益的共同点或增加利益的一致性；而当存在共同利益时，合作者也需要通过协调行动以减少落实过程中的障碍和可能发生的冲突。总之，如果不存在冲突的倾向也就没有合作的必要，合作的目的就是通过谈判、协调来降低冲突发生的可能性以达成共同利益的实现。早在一个多世纪以前，卡尔·马克思和弗里德里希·恩格斯在《德意志意识形态》就写道："各个相互影响的活动范围在这个发展进程中越是扩大，各民族的原始封闭状态由于日益完善的生产方式、交往以及因交往而自然形成的不同民族之间的分工消灭得越是彻底，历史也就越是成为世界历史。"[②] 相互依赖使各国利益形成复杂的联结关系，利益的冲突性和一致性并存。为了尽可能地扩大共同利益，各国只有通过相互的政策协调防止潜在的利益冲突转变成现实的国际冲突。

行为体偏好影响集体行动，从而形成不同的利益格局。两类政策偏好是重要的：政治行为体的偏好和社会行为体的偏好，前者如行政机构和立法机构，后者如利益集团。行政机构是指政府或者内阁的执行机关，或者是议会体系下由总理所领导，或者是总统制下

[①] 道格拉斯·C.诺思：《制度、制度变迁与经济绩效》，杭行译，格致出版社、上海三联书店、上海人民出版社2008年版，第27页。

[②] 《马克思恩格斯选集》（第1卷），人民出版社2012年版，第168页。

由总统所领导,同样也包括两种体系中辅助内阁工作的各部门。很明显,将行政机构设定为"单一的"是简化的假设。行政机构内部的政治可能与它们同其他部门间的政治一样复杂和重要。①

行政机构可以挑选最能直接有利于自身选举利益的政策。而且,也意味着选举考量推动政策选择。"经济政策是由政治行为体选择的,政治行为体寻求通过选举赢得职位。因此,经济政策形成的全面理论必须要将政治决策者所面临的选举动机考虑进来。"② 为了自身连任机会的最大化,行政机构必然关心两个要素:总体经济和支持自己的利益集团的偏好③,行政机构首先必须确保经济总体绩效良好。经济衰退可能会导致选民支持在野者,寄希望他们会改善状况。近来对西方民主国家经济与选举关系的一项出色研究表明,选民会通过对国家状况的回顾性经济评估来惩罚或者支持当政者。④ 领导人需要利益集团的支持,为了获得他们的支持,领导人必须促进有利于这些集团的政策,或阻止不利于这些集团的政策。"政治家通过选举得到权位,为了获得竞选所需要的资源,他们要在竞选纲领中加入资源分配的政策……这些(政策)会吸引偏好这些政策的利益集团提供资源以支持相应的候选人。"⑤ 因此,行政机构关心自己赢得连任机会的最大化,这既依赖于经济状况,也依赖于关键利益集团的支持。行政机构将尽量选择既能促进国家经济状况,又能有利于特定利益集团支持者利益的政策。国际合作所需要的政策也只有符合这个标准才会被选择。

---

① King, Anthony, "Modes of Executive – Legislative Relations: Great Britain, France, and West Germany", *Legislative Studies Quarterly*, 1976, 1: 11 – 36.

② Austen – Smith, David, "Rational Consumers and Irrational Voters: A Review Essay on Black Hole Tariffs and Endogenous Policy Theory", *Economics and Politics*, 1991, 3: 73 – 92.

③ Grossman, et al., "Protection for Sale", *American Economic Review*, 1994, 84: 833 – 850.

④ Lewis – Beck, Michael, *Economics and Elections*, Ann Arbor University of Michigan Press, 1990.

⑤ Austen – Smith, David, "Rational Consumers and Irrational Voters: A Review Essay on Black Hole Tariffs and Endogenous Policy Theory", *Economics and Politics*, 1991, 3: 73.

像行政机构一样，立法机构也有重要的内部政治，这会影响立法机构的运转以及政策的选择。① 政治行为体——立法机构和行政机构——都被假设具有相同的利益，尽管它们会偏好不同的政策来实现各自的利益。正如奥尔森指出的，具有更多管辖权的政治家会更关心国家整体情况，因此与那些具有较小管辖权的政治家具有不同的偏好。② 在议会制下，行政机构和立法机构出现偏好差异似乎不太可能。正如舒加特等所观察到的那样：民主制度的主要困境是：如果民主制度自身运转良好，代议机构所竭力做的与行政机构必须做的之间存在差异。代议机构是大众的代表。③ 典型的民主代议机构是为了给地方利益发言权或是促进政体社会内的意识形态或政党多样性而被选举出来的。也就是说，从本质上讲，代表就该是代表狭小利益的。而行政机构则要负责解决那些涉及国家整体利益的政策问题，以及阐述国家的目标。

正如有关集体行动的研究表明，利益集团的内部政治是重要的。④ 一个利益集团偏好于能够使其收入最大化的政策，它将支持会促进其利益的有关国际合作的政策，或反对那些将降低其利益的政策。

政治行为体具有相同的基本利益——维持权位，但是也可能具有不同的政策偏好。行政机构和中间议员间政策偏好的分歧产生了分治政府。这些偏好的分歧越大，政府分治程度越高。拉弗和谢泼斯认为：因为多数欧洲议会民主制采用比例选举制，而且实际上在所有投票中几乎没有任何欧洲政党能够获得超过 50% 的选票，所以

---

① Fenno, Richard, Jr., *Congressmen in Committees*, Boston: Little, Brown, 1973.
② Olson, "Dictatorship, Democracy", *American Political and Development Science Review*, 1993, 87: 567–576.
③ Shugart, et al., *Presidents and Assemblies*, New York Cambridge University Press, 1992.
④ Olson, Mancur, *The Logic of Collective Action*, Cambridge, Mass: Harvard University Press, 1965.

多数西欧国家议会并不是由单一政党控制议会多数。① 这意味着在西欧政治中获得并维持行政职位的议会授权以及信任投票是建立在多党联合的基础上。

  理性的政策制定者选择协调的政策制定的主要原因依赖于两个因素：国家经济开放程度和国家政策产生的外部性类型。开放性是指一国经济与世界经济之间的一体化程度。库珀指出："商品或证券开放性的增加总体而言弱化了用传统宏观经济政策工具来促进国民产出的有效性……同样，也增加了对世界其他国家收入的影响力。因此，随着相互依赖的增强，一国的政策行动会对别国造成较大的困扰。"② 开放程度越高，也就意味着一国的商品和资本价格更受制于世界水平，只有通过许多国家间的协调行动才能克服开放性的这些影响。开放性造成了其他国家政策对本国影响的增加。当一国的政策选择给别国带来成本或收益，而这些成本或收益并没有成为别国的最优政策时，我们称为外部性。外部性产生了合作的需求。"（合作中的）收益被认为主要来自将外部性，或者'溢出'影响——也就是一国政策对别国经济产生的影响——纳入考虑之中，而在缺少协调的情况下，国家缺少将外部性纳入考虑的激励。"③ 因其他国家政策所导致的外部性会随着经济的开放而变得更为重要。随着这些外部性的增加，在其他条件相同的情况下，合作的收益和合作的激励也逐渐增加。"国家间宏观经济政策扩张的差异会蔓延到贸易平衡……因此随着国际贸易变得更加重要，国家要面临因宏观经济政策差异所造成的国际收支不平衡的增加，政府进行国际政

---

  ① Laver et al. , "Coalitions and Cabinet Government", *American Political Science Review*, 1990, 84: 873 – 890.

  ② Cooper, *Economic Policy in an Interdependent World*, Cambridge: MIT Press, 1986.

  ③ Frankel, Jeffrey, "Obstacles to International Macroeconomic Policy Coordination", *Journal of Public Policy*, 1988, 8: 353 – 374.

策协调以降低调整成本的动机也在增加。"[1] 合作能够带来额外的收益（或是增加正外部性，或是降低负外部性），从而有益于其他国内集团，它们的支持又使政治行为期待的政策更为可行和持续。国际合作是政治领导人承诺自己不做什么事情的一种可能方式。这可以应用于贸易政策，国家领导人会希望通过强化国际协定，以锁定自由贸易的方式来使期待自由贸易的集团获益，同时避免来自保护主义部门的压力。合作常常会对政治领导人产生相当大的国内成本，因此他们对合作的兴趣似乎令人不解。但是，只有当政治领导人预期成本小于收益的时候，他们才会发起合作协定。合作的政治成本是什么？对政治领导人来说，主要成本有两个：选择合作性政策的分配性结果和失去对政策工具的单边控制力。国际合作导致的政策变动的分配性影响可能会损害特定利益集团，而这些集团的支持又对政治领导人相当重要，因此破坏了政治领导人的合作热情。一旦承诺国际合作，政治行为体就不能再控制原本可以操控的某些政策工具。正如沃尔费所讲的，"合作意味着牺牲某种程度的国家独立性，以与合作国所希望的政治、军事或者经济政策进行协调、同步以及相互利益补偿"。[2] 比如，在贸易政策上，合作可能意味着像配额这样的政策必须完全取消，商品关税应当降到较低水平，如果没有新的国际谈判，这些政策原则上是不能改变的。国际合作和开放性之间并不存在一对一的关系。一些行为体的合作需求可能是因为开放的增加，但是另一些因素——比如行政机构和立法机构之间共享权力的本质和国内偏好结构——也框定了国际结果。即使更多的行为体更愿意合作，国内博弈仍不必然导致合作性协定。

---

[1] Webb, Michael, "International Economic Structures, Government Interests, and International Coordination of Macroeconomic Adjustment Policies", *International Organization*, 1991, 45: 309–342.

[2] Wolfers, Arnold, *Discord and Collaboration*, Baltimore: The Johns Hopkins University Press, 1962.

第二章 风险、不确定性与合作困境

"冰上丝绸之路"合作存在区域性与全球性问题的相互交织，存在北极国家利益与域外国家利益、北极地区利益与国际社会共同利益的博弈，合作中存在种种风险与不确定性。

第一节 合作缘起

一 合作背景

"冰上丝绸之路"是穿越北冰洋，连接东北亚、欧洲与北美洲三大经济中心的通道。北极航道包括东北航道、西北航道和中央航道。东北航道主要位于俄罗斯北冰洋沿岸，从北欧出发，向东穿越巴伦支海、喀拉海、拉普捷夫海、新西伯利亚海和楚科奇海五大海域直到白令海峡。西北航道主要位于加拿大北极群岛海域内，以白令海峡为起点，向东沿美国阿拉斯北部离岸海域，穿过加拿大北极群岛，直到戴维斯海峡。这条航线在波弗特海进入加拿大北极群岛时，分成两条主要支线，一条穿过阿蒙森湾、多芬联合海峡、维多利亚海峡到兰开斯特海峡；另一条穿过麦克卢尔海峡、梅尔维尔子爵海峡、巴罗海峡到兰开斯特海峡。除了东北航道和西北航道，在理论上还存在一条中央航道，就是穿越北极点的航道，这条航道从白令海峡出发，直接穿过北冰洋中心区域到达格陵兰海或挪威海，

第二章
风险、不确定性与合作困境

但这条中央航道由于北冰洋中心区域被多年累积的海冰所覆盖，海冰最为密集和厚实，因此，中央航道将是被最后开通和利用。①

习近平总书记在党的十九大会议中明确地提出，要将"一带一路"建设作为中心，坚持引进来和走出去的战略相结合，能够在国际贸易发展中取得"双赢"的结果。遵守贸易公平、公正、公开的原则，实现共同建设共同分享的目的。加强改革开放，实现国内外相互结合，进一步扩展国外贸易。

2017年7月5日，习近平主席访问俄罗斯，并会见俄罗斯总理梅德韦杰夫。此次访问的目的主要是加强中欧之间的贸易合作，开展向北京发展的贸易航道，共同打造"一带一路"，并提出了新的理念——"冰上丝绸之路"。对于"冰上丝绸之路"的概念，早在2015年，中俄两国领导人就已经明确提出加强两国在北极方面的合作，在《中俄总理第二十次定期会晤联合公报》中就提出，"加强北方海航道开发利用合作，开展北极航运研究"，但从当时的联合公报来看，推进中俄北极合作的内涵还仅停留在开发北极航道，推进北极航运层面，这样的设想有一定的发展方向，但是还没有相应的推进路线和指引，显然距两国未来的北极合作还有一定的差距。从目前的形势来看，中俄共同提出的"对联合开发北方海航道运输潜力的前景进行研究"是无可厚非的，它为中俄双方进一步加强交流与合作提供了更广阔的前景道路和研究方向。此次两国首脑会晤，进一步确认中俄两国在北极开发方面的合作意愿，虽然此时的合作内容仍然是以北极航道的开发为主要合作领域，但两国领导人明确了将北极航道的开发推向具体研究阶段，加快中俄两国北极合作开发的步伐。到2017年，俄罗斯方面加快同中国合作开发北极的步伐，先是3月在第四届"北极—对话区域"国际北极论坛中，俄罗斯希望中国的现代化企业也能参与到北极航道合作开发与建设过

---

① 李铁：《"冰上丝绸之路"东北亚方向探索》，中国商务出版社2018年版，第4—5页。

程当中，主要是希望利用中国先进的技术和设备，可以为开发北极航道提供现代化的科学技术，这也进一步保证了北极航道在开发过程中的科学合理性，以及中国"一带一路"的发展理念。如果能将北极航道与中国"一带一路"的发展相互连接起来，这也会进一步带动了俄罗斯的经济发展，这对两国之间的贸易合作也有一定的帮助。习近平主席访问俄罗斯，并与俄罗斯总理进行了会面，正式提出了"一带一路"理念下的"冰上丝绸之路"新理念。与此同时，中国也派遣了海洋局等相关部门发布《"一带一路"建设海上合作设想》，主要是为了能够进一步推动该领域的发展，以及中俄之间的合作交流。当中国提出了共同建设北冰洋链接欧洲的经济道路，得到了包括俄罗斯在内的许多欧洲国家支持，他们都相信中国所构建的"冰上丝绸之路"将成为一条经济发展新思路。2017年在习近平主席又一次访问中，俄罗斯国家正式提出了共同开展和建设北极航道的合作目的，打造一条属于中俄之间的"冰上丝绸之路"。

2017年下半年商务部召开新闻发布会的主要内容就是对于中俄两国之间开展的北极航道所取得的重要进展作的积极响应。一方面，中远海运集团已经完成了多个航道的试运，为北极航道的通行提供了安全可靠的航运路线；另一方面，两国之间的交通部门也正在紧锣密鼓地协商中俄之间北极航路的接线，协商制定相应的法律条文，进一步完善北极航道开发合作的政治制度基础。两国之间的企业在开展北极建设过程中，主要的业务就是对路基进行勘探和开采。除此之外，也开设了其他的业务，比如，对飞机航道的沿线交通设施已经展开专项调查工作。中国商务部和俄罗斯的开发机构开始对下一步工作进行专项部署。统筹兼顾，进一步推动北极航道的开发和利用。除此之外，利用北极的旅游资源进行全方位的合作，进一步推动其他地区和北极的交流。从贸易合作便利化来看，"冰上丝绸之路"建设会进一步促进北极地区与其他大陆的贸易发展。就目前形势而言，中俄之间所创立的北极航海路线更加安全可靠，所经过的港口资源也比较充足。因此，中俄之间的合作是十分有效的，给更多有意开发北极的地区提供了更多的机遇，同时也提高了中国的经济效益。从内涵看，"冰上丝绸之路"建设的核心仍是北极航道的开发，但北极地区的资源开发与基础设施建设也是"冰上丝绸之路"建设的重要内容。

2018年，国务院发布了有关北极政策的提案，这份提案的主要内容说明中国与北极的关系，需要对北极的建设和发展提出明确的目标和基本原则，应对中国参与北极航道的建设和主要政策所遇到的问题。中国以参与北极航道发展重要建设者的身份，明确表明了对北极所有事物的参与都有一定的决策地位，从地理位置上来看，中国也是属于靠近北极地区的国家之一，对于北极各个方面的自然情况和变化都有一定的了解，并且北极的发展也会对中国产生一定的影响。因此，北极在一定程度上对于中国无论是经济保持还是社会价值都有一定的作用。所以该提案的出台也是对于中国在北极政策的目标和原则方面有了进一步的解释说明，在维护各个国家和国际利益的基础上，不断推动北极的可持续发展，不仅要认识和利用北极的资源，还需要保护北极的自然生态平衡，这样才是共同的选择。

"尊重、合作、共赢、可持续"是中国参与北极的基本原则。该提案还说明了中国在参与北极事务的前提和主张，坚持科学合理的发展理念，强调对自然生态环境的保护，运用更加合理、合法的方式处理国际关系，希望能和各个国家一起在安全稳定的环境下合做交流，进一步维护好北极地区的正常秩序。该提案的出台体现了中国所构建的人类命运共同体的目标，能够有效地实现北极地区可持续发展，不仅能够推动与他国建立"冰上丝绸之路"，还可以进一步发展"一带一路"，完善北极地区的建设。

二 合作意义

北极地区的发展意义就是实现中国所构建的人类命运共同体的目标，从另外一个角度来提供新的思路。所谓的人类命运共同体，就是能够有效地化解中西方之间的对立思维和理念，能够形成更加稳定健康的局面，解决矛盾和冲突体现了新时代中国特色社会主义新型外交理念。然而这一理念在构建过程中，需要一个实践平台。在北极区域，这个平台和载体就是"冰上丝绸之路"。我们通过"冰上丝绸之路"的建设目的和发展方向，各个国家之间可以有效做到命运共同体的构建，包括共同利益和共同责任，特别是此次消除了部分偏见和对立，达成了各个国家的发展共识。

"冰上丝绸之路"建设对中国利用北极航道，打破岛链封锁，有战略突围效应。分析研判北极航道潜在的经济价值、开发的可行性以及开发实施方案和有效路径。北极航道的开发建设不仅开辟了中国新的海上贸易通道，而且有利于降低贸易运输成本，不断强化中国与其他国家之间的贸易往来，尤其是要重视与欧洲国家的对外开放，不断扩大经济合作，更好地实现"一带一路"的建设目的，协调"冰上丝绸之路"建设过程中的利益关系，化解潜在的利益冲突，从而为国际合作的稳定性提供对策。

由于"冰上丝绸之路"的东北航道主要过境俄罗斯，因而可为俄罗斯带来巨大的贸易红利。同时，"冰上丝绸之路"建设需要环日本海国家的共同参与，也需要环日本海国家的强大物流支撑。因此，必将对环日本海国家的对外贸易产生极大的拉动作用。可以预见，环日本海的主要港口城市：俄罗斯扎鲁比诺、符拉迪沃斯托克，中国珲春，朝鲜罗津，韩国釜山、束草，日本新泻、秋田等，必将迎来新的贸易繁荣时代。

从北极航道开发到"冰上丝绸之路"的提出，不仅是名称的改变，而且是内涵的量变，更是合作的质变。"冰上丝绸之路"建设开辟了"一带一路"往北极方向发展的新路线，也是对"一带一路"建设的新形势下的延伸。"冰上丝绸之路"的建设帮助了北极地区经济圈的发展，能够为中国未来的经济拓展和国际贸易带来巨大的经济价值、政治价值及战略价值。

对"冰上丝绸之路"建设风险进行预警预测，建立风险防控机制，有效防范潜在的风险。对北极的政治、经济、安全、气候、科技、人文等战略环境进行科学评估，找出"冰上丝绸之路"建设中存在的困难和问题；北极区域归属政治复杂，生态环境脆弱，受气候条件影响航道通行波动性大，国际合作存在较大的不确定性。北极区域存在域内国家、域外国家的博弈对抗，出于资源利益、环境利益、国家安全及社会发展的需要，各国之间矛盾频发。通过对北极战略环境的全面评估，分析识别"冰上丝绸之路"建设的潜在风险（政治风险、经济风险、社会风险、生态环境风险、国家安全等），建立更高的风险意识机制和对安全风险进行识别的功能，才能让"冰上丝绸之路"在发展的过程中更加稳定。

第二节 制度环境风险辨识

一 政治风险

北极区域政治风险主要来自三大利益集团的博弈：环北极国家、北极邻近国、大国干预势力的非北极国家。而北极地区的未来走向也是推动各个国家之间合作发展的关键。

二 经济风险

北极特殊的自然环境容易在运输方面引发重大的团队安全事故，因此在运输的过程中，对运输量的标准和要求很高。同时，"冰上丝绸之路"商业运营初期可能还面临着保险费和安全成本高等方面的问题。从本身来讲，破冰船这种落后的船型缺乏相应的气象预警、海面路况的提示等功能，再加上北极地区缺乏相应的基础设施设备，以及更加科学合理的航海路线，这也严重影响北极地区航海驾驶技术的开发。没有科学完善的人才队伍，会对北极地航道的经济效益产生不良影响，再加上自然气候因素的影响，也增加了对北极航道的经济市场运输过程中的安全风险，所产生的成本也会比较大。

三　环境风险

北极在地球的最北端，那里的自然环境极其恶劣和脆弱。在开发北极航道这一路线的时候，也需要对北极的生态环境保护负有更多的责任和义务，这也成为日后面临的重大挑战之一。北极地区净化二氧化碳功能是最强的，对全球气候变暖和海洋的环流变化都起着重要的调节作用，因此加强对北极地区的生态环境保护需要各个国家共同治理。联合国环境规划署所确定的该地区主要的环境问题包括：北极海域受石油产品污染严重，气候变暖导致极地冰层融化，鱼类捕捞的增加和其他海产品生产增加，北极生物栖息地变化，极地动物种群减少，航运密集。如果船舶所载货物是液化天然气或者石油，一旦发生泄漏恐会对北极生态造成严重后果。北极冰大范围融化，生态平衡也将出现无可挽救的后果。北极海洋生态污染治理技术和经验匮乏、北极海洋生态安全治理机制不健全、北极海洋生态安全治理缺乏国际法规范等是目前存在的挑战。

四　法律风险

海外投资由于周期长、相关主体复杂以及由于跨国因素带来的社会、文化、法律等差异存在诸多风险。海外的投资安全风险主要是指没有相应的法律条文保护，在遭受损失的过程当中也存在诸多不确定的因素影响。根据不同的标准和损失程度，也可以将海外投资风险划分为不同的类型，如果说根据风险性质划分，主要有商业风险和非商业风险；根据风险发生的程度划分，可以分为投资准入阶段的风险、经营过程中的风险和投资退出时的风险；按投资类型划分，可分为境外新设投资的风险和跨国并购的风险，其中包括BOT投资、特许协议投资、绿地投资等几种特殊形式投资的风险；按照所涉法律的性质，可以划分为政府合规中的法律风险和商业交易中的法律风险。

五　国家安全风险

美国和俄罗斯在北极地区的军事实力不断加强，这方面既是对自我利益的保护，也是不断扩张自我经济利益的体现。由此可见，这两个国家在北极地区的经济活动越来越复杂和频繁。它们对于自己军事化的基础设施不断地完善和改进，增强它们的军事作战能力，就是为了能够以军事实力捍卫北极地区的经济权益。从一定程度上也加强了北极地区各个国家之间的军事紧张关系。北极航道的开放性如何？是否对第三国船只采取无差别、非歧视对待？这必然涉及海上运输安全、海运和空运系统部署以及航行自由（包括海域和空域使用权利自由）的问题，而这都是包括美国在内的其他北极国家所密切关注的问题。

各种风险相互区别，又相互联系。从总体国家安全观来看，这些风险都可能增加"冰上丝绸之路"建设的成本，只是程度和范围不同。如果因为各种原因导致成本不断上升而又缺乏有效的应对手段，其结果就会导致国力的透支。因此，不管哪种风险，随着成本的上升，最终都会升级为国家安全风险，如果持续激化则可能连锁联动，导致项目失败、国力透支的战略安全风险。随着对华战略竞争的实施，美国可能通过竞争性经济行为、以环保人权或其他性质的NGO进行干扰、扶植反对派牵制，甚至代理人冲突等手段，增加中国投资的经营管理成本，在制约中国发展的同时尽可能消耗中国国力。

第三节　不确定性与合作困境

一　不确定性

所谓的不确定因素就是指无法有效地划分风险程度，不可以预见未来的风险和不确定情况。风险的发生主要是把它当作一种保险的成本进行处理，是符合自然的伦理规律和经验规律，它与可以计算预见的风险不同，不确定性指的是人们对该事件没有基本的认识，因此很难对该事件的结果做出预判。不确定性可以为经济活动提供一定的获利机会，把不确定性看作内生的，属于经济行为主体的主观认识范畴。西方学者从三个方面对不确定性做出区分：第一种是由 Dosi 和 Egidi（1991）提出的永久不确定性和阶段不确定性。永久不确定性是指行为人缺少做出决定所需要的所有的必要信息，因而对未来事件无法预测。阶段不确定性是指行为人拥有做出决定所需的必要信息，但由于行为人认知程度的限制，对信息难以做出筛选，需要经过时间的考证。第二种是由 Dequech（1997）提出的强不确定性和弱不确定性。① 强不确定性是指缺少特有的、附加的、全面可靠的各种可能性分布状态。弱不确定性是指事先拥有全面可靠的各种可能性分布状态，但由于外在环境的改变或缺少必要的额外信息，而使事件难以预测。第三种是由 Dequech（2000）提出的模糊的不确定性和彻底的不确定性。② 模糊的不确定性是指行为人信息不完备（这些信息将来可以获得），因而对未来事件具有一定的预测性和可知性。彻底不确定性类似于 Dosi 和 Egidi 提出的永久不确定性，是指所需要的信息将来也无法获得，因而对未来事件不具有可预测性或可知性。

新制度经济学家对不确定性进行了广泛的研究。有的学者把不确定性分为三种：一是能够预测到偶然事件发生，但是所需要的预测成本不高，因此预测结果也不会很准确；二是在已知的情况下去推测偶然事件的不确定性，有了相应的基础认知情况后，预测结果有一定的参考；三是一方拥有了另一方所缺少的信息，所推测出来的预测结果可能性较高。当然不确定性正是因为无法预测更加准确的结果，这也表明了潜在的风险也是存在的，为了进一步确保合约的有效达成，需要增加额外的监督制度和费用，也需要进一步的提供所产生的事后交易费用。总而言之，不确定性和交易的费用是成正比的关系，某一事件的不确定因素越大，所需要的交易成本也越高，这样也平衡了双方之间的合约。

---

① Dequech, D., "Uncertainty in a Strong Sense: Meaning and Sources", *Economic Issues*, 1997, 2: 21-43.

② Dequech, D., "Fundamental Uncertainty and Ambiguity", *Eastern Economic Journal*, 2000, 26: 41-60.

第二章
风险、不确定性与合作困境

不确定的假设行为是指我们所处的世界并不是确定性的基本经济结构；相反，它是一个随着时间不断推进，历史不断变换而改变的世界。人类的演化是世界发展的关键，人只有在不确定的情况下作出选择，才可以在不确定的世界当中，建立一个相对完善的有联系的体系。简单来说，也可以称为对个人心智模型的构建。需要我们对原来的经验和联系进行改变和完善，才能够及时地反馈给这个不确定因素的世界。正是由于信念形成过程中充满了心智与环境之间的反馈过程，所以所形成的文化和社会制度具有适应性。

近年来，北极区域治理呈现两个重要趋势：一是合作重心从陆地转向海洋，北极议题从以环境保护为核心向综合性可持续发展过渡和倾斜；二是域外国家和力量的参与和影响逐渐深入，北极治理机制呈现多元化发展。早期的北极治理主要聚焦北极陆地的环境保护、生物物种保护、大气污染物的防控等议题，随着北冰洋海冰消融和海域开放时间加长，北冰洋的资源潜力受到关注，北极航运、大陆架油气开发、生物资源捕捞等活动提上日程，如何围绕北冰洋开发利用活动形成规制成为北极治理的重点。

另外，在北极国家的管辖海域之外，北冰洋存在一定的公海海域和国际海底区域，非北极国家在北冰洋公海和国际海底区域中享有重要权益，如科学考察、捕鱼、铺设海底电缆、勘探开发矿产资源等。因此，无论是制定北极航行国际规则还是磋商管制北冰洋公海的捕鱼活动，由于涉及众多域外国家的权益，均无法在北极理事会等北极国家组成的区域性合作框架中解决，而依赖主管国际组织或国际会议等多边磋商机制推进治理进程。

由于北极地区的自然环境及地缘政治、经济社会发展与全球其他地区的联系越来越密切，对于部分原本属于北极区域治理的问题也受到越来越多域外因素的影响。例如，北极地区面临的一些环境问题与其他区域的影响息息相关，如持久性有机污染物以及气候变化，北极国家无法单独应对和解决，需要域外国家的协作。此外，在经济全球化影响下，北极将逐步融入世界体系中，北极地区油气资源的市场以及北极航道的利用者聚集在东亚等地区，相当数量的北美原住民群体的动物毛皮制品的市场在欧洲，这些域外地区和国家的相关行动和政策导向对北极当地经济社会的发展有重要影响（Young, O. R., 2016）。

北极区域合作30年来，北极区域治理没有发展出综合性的北极条约，而是呈现"条块化""领域化"形态（郭培清、卢瑶，2015），对于存在北极航运方面的科学研究或者航运这些经济活动方面的制度也在逐步地安排，逐步形成一个北极治理"机制复合体"（Young, O. R., 2011）。这一机制复合体由一系列聚焦于北极地区，然而又不存在隶属层次关系的机制安排组成。每个机制在法属性、职能范围、空间范围、参与主体等方面都有很大差异。有些领域产生了专门的法律制度和规则，有的只有建议性指南，有的制度产生于全球性国际组织，有的限于在较为封闭的区域机制中讨论。目前，北极治理机制复合体碎片化特征明显，分散的机制安排之间并无统一的指导和协调，针对不同议题产生的机制安排相互作用很容易产生摩擦和冲突，未来还交叉重叠。

由于北极生态环境系统脆弱，"冰上丝绸之路"建设也需要对生态有更好的保护，生态系统的平衡发展需要人为的干预。一旦发生问题，则会面临较高的损害赔偿与其他法律风险。与南极不一样，北极地区至今尚未形成一个统一的具有国际权威的法律体系，不同主体围绕着生态环境保护、资源开发、航道通行和海洋权益划分展开复杂博弈，而拥有更加科学合理的治理体系，才能让"冰上丝绸之路"建设在法律和政策方面有更好的前进方向。首先，北冰洋面积广阔，海岸线长，海岸自然条件和状况差异大，而且存在大面积的公海和部分尚未划定的国际海底区域，海域管辖权复杂，统一的行动计划和规则难以满足不同海区的实际需要。其次，北极作为一个地区与全球系统之间的联系在不断加强，北冰洋的开发利用活动，如航道利用、油气资源开发、商业捕鱼主要由域外力量决定，确定北冰洋区域性合作的范围和领域、决定参与主体的范围、分配不同主体的权利义务等问题都非常棘手。最后，区域海洋机制的建立需要依托对该海域自然环境及其变化有较为充足的科学信息，以及周边沿岸国家有能达成协议的政治意愿，而北冰洋海域暂不具备类似的基础，有关北冰洋的科学信息和数据还十分匮乏，美国和俄罗斯两个世界强国的制衡增加了区域协调的难度。北冰洋区域海洋机制的设想与早先有学者提出的北极条约的思路有相似之处，面临的现实阻力尚未得到化解，短期内难以实现。

二 合作困境

北极地区的经济圈在为各个国家提供了巨大的经济价值的同时，也存在相应的利益冲突，不仅是国家与国家之间的利益，还有沿海国家以及其他国家利益等，北极地区利益与国际社会共同利益的博弈和斗争贯穿于北极治理的进程中。

1. 日趋激烈的北极地缘政治局势

随着我们对北极地区资源的不断开采，目前资源和战略方案的价值开始产生了尖锐的矛盾，出现许多国家对北极地区进行资源争夺的现象。由于《联合国海洋法公约》的模糊性，导致北极国家以各种名义，将大陆架向北极海域延伸，进而出现各个海域重叠的局面。各国的北极主权归属问题将会一定程度制约"冰上丝绸之路"的建设。

北极地区地缘政治局势紧张体现在两个方面，一是北极海底大陆架主权的归属问题，二是由主权问题引发的北极军事化问题。在大陆架主权归属问题方面，作为"冰上丝绸之路"建设的主要国家，俄罗斯对北极地区的主权申诉并未被联合国所承认。

在北极地区的军事管理方面，也存在一定的矛盾，军事化程度的不断提高，也会影响"冰上丝绸之路"的建设，俄罗斯作为一个军事大国，对其他国家在北极地区的经济发展也存在差极大威胁。根据2009年俄罗斯政府发布的《2020年前及更远的未来俄罗斯联邦在北极的国家政策原则》，明确提出要组建一支北极部队。随着俄罗斯在北极地区的军事部署进一步地加快，其他国家纷纷强化在北极地区的军事能力，相继颁布了《北极地区国家战略》《海岸警卫队北极战略》《国防部北极战略》等政策文件，不断加大对北极的军事投入，积极联合北极地区其他国家，举行各种军事演习，以应对来自俄罗斯的军事威胁。此外，加拿大、挪威、丹麦等北极国家，或组建北极部队，或将北极地区纳入其国防战略，或频繁举行军事演习以宣示主权。虽然说各个国家在北极地区的军事布署不断增强，但是发生重大冲突事件的可能性极小，却在一定程度上加剧了各个地区之间的紧张关系，进而影响未来北极航道的开辟和开发。

2. 港口物流支撑能力不足

随着冰川融化的速度在不断加快以及北极地区日益频繁的经济活动，对于北极航道的通航能力也有一定的影响，可能未来会出现港口物流速度下降和能力减弱的情况。然而，从现实角度看，由于俄罗斯北极沿岸地区的港口支撑能力较弱，货运需求不足，北极航道最突出的还是战略价值，短期内无法形成巨大的经济价值。

从北极沿岸港口的支撑能力来看，俄罗斯北极地区由于长期处于高纬度，每年的冰期较长，大部分港口常年处于冰封状态，北极地区恶劣的自然条件，也会对港口的进出口贸易造成一定的影响，进而影响了港口相关配套设施的建设，即使是条件较好的摩尔曼斯克港的年吞吐量也仅仅只有1000万吨左右。北极港口的支撑能力决定着北极航道开发的成败。从货运需求的角度看，即使未来北极航道能够实现正常通航，但与传统的航道相比，还是存在很多的问题。

首先，俄罗斯的北极地区自然条件极其恶劣，常住人口不过1000万人，并且还分散住在600多万平方千米的土地上，很难形成一定规模市场，因此，在货源上，北极航道将会更多地依赖东北亚地区，即中、日、韩三国，虽然三国目前对于北极航道的开发有着较大兴趣，但三国目前利用北极航道运输的货物主要以干散货船和液化天然气为主，在永盛轮之前尚无集装箱船通过，且货运量较小，无法与巨额的北极开发投入相比。

其次，北极航道管理的缺失，导致运输成本增加。目前尚未形成统一的北极航行准则，也缺少强有力的管理机构对北极航道进行统一管理。北极航道管理的缺失，导致的结果是沿岸国强制征收高额的护航费用，商船额外的运输支出居高不下，加之受当前国际贸易结构的影响，商船很难实现往返都能配货，空仓返程的现象较为普遍。从目前来看，北极航道的性价比并不比传统航道高，面临的问题反而更加突出。

3. 需要资金与技术的"双高"投入

当前，北极开发成为全球的热点问题，但北极开发的背后却存在巨大开发风险，极端恶劣的气候、脆弱的自然生态环境以及难以修复的因素，将会严重影响北极地区基础设施的建设和完善，这些都是我们需要面临的问题。北极的天然属性就决定了对开发资金与技术的双高要求，短期内无法获益也使很多国家和企业对开发北极望而却步。

从极端气候的角度看，由于北极常年处于 -40——-20℃，北极地区常年被冰雪覆盖，一年中只有两三个月才能达到正常通航的条件，且浮冰较多，北极地区天气变化反复无常，风暴、海雾等恶劣天气，不仅对航船的要求极高，而且对于航船的维护与保养也是一个巨大的挑战。对于北极资源开发而言，面临着同样的极端恶劣天气的影响，这就对勘探技术与开发设备提出了更高的要求，更加精细化的设备要求，也需要大量的资金和技术研发的投入。从北极生态的角度看，脆弱是北极生态的最主要特征，随着全球气候变暖的影响，北极冰雪融化速度加快，加之人类进入北极活动日益频繁，航船所排放的废气、人类排放到北极地区的各种垃圾以及石油泄漏等，都严重影响了北极的生态环境。目前，北极地区的经济活动也遭到了原住居民的反对。如何解决开发过程中对自然环境的保护，也是我们需要解决的问题之一，对今后的开发提出了更高的要求。

从基础设施建设角度看，俄罗斯的北极地区相对落后，不仅缺

◇"冰上丝绸之路"合作制度设计

少相应的机场、港口、公路、铁路,而且连破冰船的数量也捉襟见肘。并且这些基础设施要修建在北极地区的永久冻土层上,对于修建的技术要求极高,并且很难在短期内实现盈利。以美国阿拉斯加为例,除去天然气的开采设备成本,仅天然气的运输设施建设就需要投入650亿美元,运送其他矿产资源所需的道路设施建设,每百英里需要投入4亿—6亿美元。这还不包括其他因冻土解冻所造成的道路改建、后勤及保养费用。

第三章

契约、交易费用与制度设计策略

制度设计是重要的,但不能随心所欲制定,需要考虑制度设计的影响因素、设计原则与基本要求。多极化的政治格局使世界冲突频现,所以要遵循和平、发展、合作、共赢的原则。共建北极命运共同体,是推动"冰上丝绸之路"合作、发展北极地区经济、稳定世界繁荣的重要载体。

第一节 制度设计维度

一 制度设计缘何重要

机制设计理论再一次证明制度是可以设计的,关键在于如何设计,制度会出现路径依赖现象,所以初始设计尤为重要。机制设计理论的成功经验为制度设计提供了强有力的支撑。20世纪20—30年代的社会主义大论战,论题的核心是社会主义能否保证资源的有效分配,伴随议题的逐渐深化,学者思考的问题开始转向更加一般化的问题。各国经济制度经历了形式多样的变迁,建立了多种经济机制,那么什么样的经济机制才是最好的?其判断的依据又是什么?针对上述问题,西方经济学家探讨了机制设计(mechanism design)理论,即在信息不对称以及社会中个人目标与社会目标不完全一致的情况下,如何通过机制设计找到实现社会目标的条件以及实现社会目标的最优路径选择。社会经济的各种目标总是借助一定的经济机制或制度安排来完成的。针对这个问题,美国科学院院士、经济学家莱昂尼德·赫维奇(Hurwicz)于20世纪70年代创立了经济机制设计理论(Hurwicz, L.;1972, 1979, 1986),并取得了突出的成就。

2007年诺贝尔经济学奖授予莱昂尼德·赫维奇(Hurwicz)、罗杰·迈尔森(Myerson)和埃里克·马斯金(Maskin)3名美国经济学家,以表彰他们在创立和发展"机制设计理论"方面所做出的贡献。这一理论有助于经济学家、各国政府和企业识别在哪些情况下市场机制是有效的,哪些情况下市场机制是无效的。此外,借助机制设计理论,人们还可以确定最佳和最有效的资源分配方式。他们主要研究了以下理论:

(1)激励相容(incentive compatibility)。人的行为是利己的,人们在经济活动中偏好于经济的自由选择和信息的分散化决策。因此,在缺少激励机制的条件下,人们就会产生机会主义行为。这就需要设计出一种机制,使它能够引导人们自觉如实传递他们所拥有的信息,从而达到个人目标与社会目标的一致性。赫维奇所提出的激励相容问题为机制设计理论奠定了重要的研究基础。

(2)显示原理(revelation principle)。为了实现一个社会目标,需要从大范围机制中选择出适合的一个机制,实现起来比较困难。而迈尔森和马斯金等建立的显示原理,能有效地化解这一问题。他们证明,在诸多复杂的机制中,对应着一类能直接显示个人私有信息的特殊机制(直接机制),只考虑直接机制与考虑全部机制是等价的,这就使非常复杂的问题简单化了。尤其在表达形式上,这类特殊的机制能使用一些数学表达式来表述,从而使机制设计问题转变成一个有可能解的数学问题。

(3)实施理论(implementation theory)。由于不确定性因素的影响,设定的机制在不同条件下能产生多样结果,而社会目标只是其中一种结果,这就不能保证这类机制能达到既定目标。马斯金利用

第三章
契约、交易费用与制度设计策略

纳什均衡的分析方法，研究了所有社会选择中能实现这一目标的充分和必要条件，为机制设计理论提供了新的理论支持。

赫维奇、马斯金等重新定义了制度的规范问题：假如按照社会选择理论，每一种社会经济环境，都能够确定一个满足某些价值规范的社会目标集合，并且人们在互动的社会中是按照博弈论所刻画的方式行动，那么，机制设计理论就是研究怎样提供一个博弈形式（game form），使其均衡解在社会选择目标集合里。可以推出，社会选择函数是可执行的，而均衡解极度接近于社会选择目标集合，也可近似地执行。如果给定的一个社会选择函数，其中设计者、执行者、仲裁者像客观观察者一样，具备社会足够的知识和信息，那么一个简单集中的、技术可行性的强制性机制，就能实施任何相对合理的社会目标。但实际上，设计者或执行者的知识和信息的储备并不完全，并且部分信息是不能使用的，或者不确定的，那么，我们所面临的问题是个人的分散决策。这时人们就需要研究怎样能够通过社会选择函数表现的社会目标实现它。机制设计理论把这个问题转化为，假设设计者知道社会选择函数，所确定的社会目标是合理的，并且他知道行为主体是如何做出行为选择的以及任何行为选择会导致什么样的结果，那么，我们只需设计一种机制，使其影响人们的行为选择，达到个人努力方向和社会目标实现的一致性。这样设计者至少需要考虑两个问题：一是信息问题，即保证信息得以顺利流通，这需要信号空间的维度越小越好。二是激励问题，一个组织必须赋予其成员正确的激励使之分享信息并一致行动。

机制设计理论的发展似乎表明：不管什么样的社会目标，总有实现它的机制；而不管机制中人的行为模式如何，总能找到合理的社会目标与之相应。但实际上，机制设计理论也存在很多不可能性。机制设计理论的成功使人们考虑把它运用于制度变迁问题中，即在规范意义上如何进行一个演进社会的制度设计。

现实生活中有许多问题都可以归结为机制设计的问题，尤其是激励制度设计，包括委托—代理问题、最优合同设计、规章或法规

◇ "冰上丝绸之路"合作制度设计

制定、公共财政理论、拍卖制度的设计、最优税制设计、行政管理、社会制度设计，甚至处理家庭关系问题等。制度设计的目标应该是明确的，必须使个人目标与社会经济目标相一致，同时保证理性个人的显示偏好和选择方向符合社会的目标取向。

那么制度设计为什么重要呢？在"冰上丝绸之路"国际合作中，制度又发挥着怎样的影响呢？

（1）能够实现制度的有效供给。制度演进中伴随着制度供给和制度需求间的平衡—不平衡—平衡这样一个反复循环的过程。制度供求不平衡的原因主要是由于制度有效供给不足所产生的。所谓制度的有效供给就是指制度实现其效率最大化时的一种供给状态。它通常具备两个基本特征：一方面是制度供给的充分性，即能够充分满足社会的需要；另一方面是制度供给的有用性，即体现出好的制度的供给，摒弃坏的制度的供给。北极理事会是在"冷战"后的1996年建立的。初始，它是一个松散的、议题局限的、地域性的、论坛性质的治理机构。世界自然基金会（WWF）在2009年对其治理机制的问题罗列如下：①缺乏法律义务的约束；②缺少执行机构；③参与者有限，特别是对域外国家限制极大；④没有常设的独立秘书处；⑤缺乏集中的建设资金。这一机制映射出北极国家对北极的变化以及影响的逐步了解的过程，也反映了"冷战"后的北极国家谨慎合作的过程。虽然北极理事会为解决相关问题，近年增设了常设秘书处，并且在防治污染和海上搜救领域制定法律法规，但是北极地域的机制设计还是比较滞后，没有与时俱进。

（2）为北极区域合作创造条件。制度确定了人在政治、经济、文化、社会各方面的权利和利益的配置，引导人们形成良好的行为规范。制度通过规范人与人之间的相互关系，为合作提供有效的信息，从而可以降低信息成本，减少人们行为的不确定性，使合作得以顺利进行。北极可持续发展是在全球化背景下发生发展的，北极问题应当得到全世界的重视，达成全球共识，这就需要北极域内行为体之间密切合作，也需要北极域内与域外国家之间的相互合作。

从北极域内国家合作来看，其目标是，通过跨国间的合作构建北极和平发展的客观环境。由于丹麦本土并不属于北冰洋区域，其北极战略主要是围绕格陵兰岛和法罗群岛这两块丹麦王国的自治领地所制定的。气候变化对当地居民生活产生的影响，是丹麦开展进一步研究和科考行动的重点。在其北极战略中，特别关注区域经济的可持续发展，并在此基础上重视生态系统和环境的保护，进行有限度的开发与合作。挪威的北极战略更为强调通过技术革新和科学研发等手段，拓展北极资源的利用，推进巴伦支海等其他近海石油开采的建设开发，启用配额制度管理相关进程，并根据科学计算高效使用和扩大勘探范围。值得注意的是，虽然资源开发是挪威的主观战略驱动，但其实现路径却并非简单的单独或合作开发，而是特别强调为发展北极石油开采活动的知识基础。在挪威看来，知识储备是其政策核心，需要更加重视北极科学考察与研究。中俄北极航道建设方案提出后，一些北极域外国家高度关注，提出合作协商对话。在此背景下，日本加强与俄罗斯方面的对话。日本认为，俄罗斯海岸外的北极航线经济利益巨大，安全意义突出，因此日本应该积极参与制订关于北极航线新规则。所以，中、日、韩三国开展双边或三边的合作极为重要，应加强日本海海洋环境保护、海洋防灾减灾、海洋安全搜救等方面的合作。围绕着北极航道的开发，日本企业也尝试与中国企业的合作，尝试与中俄开展北极航道开发和油气资源开发合作。2018年6月，日本与中韩两国就北极开发在中国（上海）举行第三次高级别对话，发表了共同声明，并达成在韩国举办第四次会议的决定。

（3）平衡利益关系。资源配置与利益分配二者受制度影响，同时制度约束人们行为方式的选择。就北极地区来说，利益分配是最为现实和迫切的问题。究竟是由北极国家来主导，还是由北极国家和近北极国家合作推动，抑或是由世界各国共同参与，其间呈现的是对北极地区开发权益的争夺问题。北极八国在北极有各自的利益诉求。俄罗斯关切的是北极的经济利益，在冰层不断融化的情况下，俄罗斯可以从开发欧亚海港最短航线北方海航道和开采矿产中获取巨大经济利益，北极区域的开发直接影响俄罗斯的国家安全，因为在此分布着俄罗斯许多重要的国防工业企业。加拿大在北极地区的优先政策，大部分是为确保其北部社会经济稳定和生态可持续发展，吸纳原住民团体参与北极政策制定，有利于改善北部地区居民生活，是北极事务战略核心。丹麦优先利益发展北极交通走廊，特别是北方海航道（东北航道）。美国在北极活动首先是确保其军事战略优先和海军自由机动灵活，确保美国国家利益和地区生态安全。冰岛关切北极自然环境变化对其经济的影响，冰岛在北极逐步形成了其系统的北极战略，并被纳入全欧洲的北极政策战略体系之中。挪威北极政策的主要目标是维护和平稳定及加强战略可预测性，确保充分考虑环境保护利益的整体发展管理体系，深化国际合作并加强法制，通过共同采取地区及国家层面的各种措施来刺激本国经济发展，发展基础设施，开展科学研究。瑞典在北极活动的优先方向是气候与环境经济发展及社会领域。芬兰在北极经济领域中尤为关注造船、木材与采矿业以及相关的基础设施建设，主要经济目标是确立其作为北极研究大国的地位。此外，如中国、日本、韩国、新加坡、印度等北极域外国家在北极也有其关切和利益诉求。日本在北极航线的问题上注重能源安全，韩国的目标是开拓北极航线和开发海洋资源，印度的政策是希望提升北极的国际地位。时至今日，北极国家间合作开发的利益分配机制还未提上建设日程。在这种情况下，近北极国家和非北极国家的有序介入，有助于加快和增进此种利益分配机制的建设，有助于营造制度性开放的新环境，形成共同开发、共享利益的新局面。如果缺少一个被普遍认同和接受的、长效化的利益分配机制，那么北极地区将不可避免地陷入恶性竞争的境地。

二 制度设计影响因素

1. 制度功能

任何制度都有逻辑规范，其主要体现在制度的功能上。如果发生制度功能丧失，将影响制度结构与制度安排，因而产生制度变迁。从制度功能方面看，引起制度退化的原因是现有制度的实施水平或实施中人们对制度效率的感知。制度功能压力可能与广泛的环境变化有关，如对资源竞争的加剧等。Thornton 在对高等教育出版社组织形式变化的研究中强调了资源竞争与市场占有导致了20世纪70年代中期市场压力的增大，破坏当时的制度逻辑规范，并导致20世纪70年代和80年代中期，高等教育出版业市场规范的制度倒退。[1] 如同 Thornton 在出版业研究中发现的问题一样，Lounsbury 也提出制度逻辑是重中之重。Lounsbury 强调了美国金融业的环境变化导致了制度逻辑的变化，对金融业的放松管制从根本上改变了当前该行业的监管制度逻辑。因此，对美国金融业来说应遵循制度逻辑，为金融专业人员提供新的机会，以促进他们的利益。[2] Lee 和 Pennings 从其他方向探讨了制度变迁受制度功能压力影响。在对荷兰会计部门的研究中，他们揭示了竞争性组织之间制度实施差异如何成为市场反馈的重要来源并推动了组织形式上的制度演进过程。[3] 在组织层次上，这些差异促使一种组织形式（协会或合作伙伴）替代了另一种组织形式。Kraatz 和 Moore 强调制度功能压力与学生偏好转变和资源竞争有关，制度的功能压力促使公立高等院校的文科学生发觉现有课程体系所存在的问题，而倾向于商务、通信及公共事务等一些具有较强职业色彩的课程。[4] 制度功能压力要求制度遵循其实施过程中的逻辑规则，并富有一定的效率，竞争打破了原有制度的逻辑规则，使原有制度丧失效率，从而出现了制度功能的退

---

[1] Thornton, P., "The Rise of the Corporation in a Craft Industry: Conflict and Conformity in Institutional Logics", *Academy of Management Journal*, 2002, 45: 81 – 101.

[2] Lounsbury, M., "Institutional Transformation and Status Mobility: The Professionalization of the Field of Finance", *Academy of Management Journal*, 2002, 45: 255 – 266.

[3] Lee, K., Pennings, J. M., "Mimicry and the Market: Adoption of a New Organizational Form", *Academy of Management Journal*, 2002, 45: 144 – 162.

[4] Kraatz, M. S., Moore, J. H., "Executive Migration and Institutional Change", *Academy of Management Journal*, 2002, 45: 120 – 143.

化直至丧失的危机，因此引发制度变迁。

2. 政治压力

Oliver 指出，政治压力主要源自利益转变和对现存制度安排具有支配权的基本权力分配。[①] 制度变迁可能发生在制度实施过程中出现的危机阶段，由于环境的变化和其他因素的影响，迫使组织对既有制度的合理性提出质疑。Greenwood 等从组织层面上对加拿大会计行业的制度变迁进行了研究。他们研究的核心问题是如何为专业协会适应市场的发展而提供一系列新的服务。他们重新确定了会计师事务所的服务范围，将管理顾问服务纳入当中，进一步拓展了传统的会计师事务所的服务范围。[②] 考虑到制度变化的合法性，专业协会充当了行业内部的"顾问所"。为了努力促进这一扩大化形式下的服务，专业协会参照当前流行的价值观念和行业惯例制定规则，从而适应制度的变化。Townley 突出了政治压力在制度变迁中的作用，也期待着加拿大特别是加拿大的博物馆积极探索从私营部门到公共部门实行业务规划和业绩度量的管理方法。这一努力代表了加拿大公共部门政府创新行动的一大部分，意在更好地控制公共开支，提高公众的问责制，并展现政府对公共部门的管理能力。Townley 也强调了文化和经济价值之间的冲突，体现在这一领域的一个核心问题是：博物馆出于经济价值的考虑，越来越多地采用"手段与目的"的衡量标准而不是文化标准。Townley 的研究强调了制度变迁具有竞争的特质，特别是当制度变迁是受政治压力而引起时。[③] 当利益格局及权力分配结构被打破时，组织、协会的力量会迫使政府改变或修正现有制度。政府出于民众的压力，被迫做出制度修订

---

① Oliver, C., "Sustainable Competitive Advantage: Combining Institutional and Resource-based views", *Strategic Management Journal*, 1997, 18: 697-713.

② Greenwood, et al., "Theorizing Change: The Role of Professional Associations in the Transformation of Institutionalized Fields", *Academy of Management Journal*, 2002, 45 (1): 58-80.

③ Townley, B., "The Role of Competing Rationalities in Institutional Change", *Academy of Management Journal*, 2002, 45: 163-179.

或调整，其至推倒重来，建立一种全新的制度。

200多年的工业化、近半个世纪的持续"冷战"，使北极地区积累了各种各样的环境问题，严峻的形势迫使人类必须开展合作。现在，俄罗斯北方舰队和太平洋舰队共有25艘水面和水下核动力船舶和潜艇，其中2/3停泊在以摩尔曼斯克为中心的北极地区。这些核动力舰艇的维护和运行会产生大批量的核废料。另外，160艘核潜艇已经退役，其中90艘停泊在科拉半岛，40艘停泊在太平洋军港。这些核潜艇的处理远非俄罗斯能够承担，不知等到何时才能拆解。[①]

从1990年开始，国际社会进行了全面合作，制定了一些国际性措施应对北极核污染：1990年出台了《国际核事件分级表》；1991年国际原子能机构正式提出了"核安全文化"概念；1994年国际上产生了第一个《核安全公约》；1996年俄罗斯、美国、英国、日本、德国等国家首脑联手召开核安全会议，通过了加强核安全合作宣言；1997年国际原子能机构通过了第一个如何安全管理放射性燃料和废料公约等。鉴于俄罗斯无力独自进行核废料的处理，1999年G8科隆峰会上，八国领导人一致同意，建立起广泛的国际合作，共同处理俄罗斯军事设施中的放射性废弃物，拆解俄退役潜艇中的核反应堆，尤其是北极地区的。[②]

3. 社会压力

制度变迁和演化可能受到与群体分化现象相关的社会压力的影响（如增加劳动力的多样性）；存在分歧或不协调的信仰和习俗（如公司合并）；妨碍实施得以持续进行的法律或社会预期的改变（如反歧视行动）。Zilber在针对伊拉克女性暴力事件多发区的研究中发现，由于保护女性身心健康的众多组织的参与，女权主义者的

[①] "Environmental Security Threat Report", Released by the U. S. Department of State, October, 2001.

[②] "The Northern Dimensionof Canada's Foreign Policy", Prepared by the Communications Bureau Department of Foreign Affairs and International Trade, p. 16. http：//www.dfait-maeci.gc.ca/circumpolar（pdf/ndcfp-en.pdf）.

◇"冰上丝绸之路"合作制度设计

意识形态普遍发生了较大的改变。① Zilber 的研究证实了 Oliver 的见解，具有一定背景和经验的新成员，不同于现有成员，他们对组织行为提供了不同的解释框架和社会定义，因此改变了传统的行为定式和思想观念。社会压力多产生于群体间分歧的惯例、文化、意识形态等，这种压力大多来自于非正式制度对人们行为的影响。人类在社会交往中渴望自由、民主、公平、正义、健康、善良、福祉等欲望，而这些欲望伴随着人类社会群体的分化与集合，对稀缺资源的争夺与冲突，由此引发制度变迁。

"2007 年北极原住民的生活条件调查"组调查显示，最近十多年来，北极地区的社会问题依然呈大幅上升趋势。② 在收入、住房条件、平均寿命、受教育程度等指标方面，北极原住民比非原住民生活条件依旧偏低。所以，学者普遍关注北极原住民人口问题。③

4. 组织效率

组织是由有共同目标的社会个人所组成的集合，为获得最多收益或最大化目标。包含政治组织、经济组织、社会组织、教育组织等。组织和企业家最大化活动决定了制度变迁方向。有效率的组织是制度变迁的关键。组织不仅是制度约束的函数，而且也是技术、收入、管理者偏好、员工素质等其他约束条件的函数。组织的效率取决于制度、技术、文化理念、知识、学习等能力。换言之，就是创新。制度是在组织的影响下互相促进发展。组织可以采用现有制

---

① Zilber, T., "InstituUonalization as an Interplay between Actions Meanings, and Actors: The Case of a Rape Crisis Center in Israel", *Academy of Management Journal*, 2002, 45: 234-254.

② Birger Poppel et al., "SLiCA Survey of Living Conditions in the Arctic ResultsInstitute of Social and Economic Research", University of Alaska Anchorage, Anchorage.

③ 梁茂春在《加拿大土著人口的特点及生存状态》一文中作了详细考察，作者认为近十年来，加拿大原住民人口承接了 20 世纪下半叶以来的态势，持续高速增长，并不断从传统的保留地向非保留地、从乡村向城市转移。从整体上看，原住民在就业、收入、教育水平以及生活质量等方面均远远落后于非原住民，其民族文化也面临日渐衰退的严峻局面（梁茂春：《加拿大原住居民人口的特点及生存状态》，《世界民族》2005 年第 1 期）。

度和改变旧有的制度两种约束方式来实现。组织最大化目标的实现取决于领导者对现有制度安排的偏好程度。当一项制度安排为组织提供了适应性效率时，有效率的组织反而能够推动制度变迁，加快经济增长，促进社会进步。

北极理事会成立之初，接管了由北极环境保护战略（AEPS）设立的北极原住民秘书处。原住民秘书处在北极域内最主要的职责是给永久参与方参加北极理事会会议期间提供便利条件；加强原住民组织参与会议各项活动的能力；为原住民组织提供语言和沟通的便利，将北极理事会会议文件的英文文本翻译成当地语言；协助永久参与方顺利完成与原住民相关的持续性发展项目。[1] 在现有制度结构下，当地原住民组织被认可，地位有明显提升，原住民的合理诉求得到了北极理事会的重视。北极理事会成立以来，当地原住民的健康福利得到了极大的改善。

5. 文化进化

文化演进理论大量使用了社会生物学和团体选举的概念和机制。根据 Boyd 和 Richerson 的双继承理论，进化是所有人类行为的基础，但是应当扩大到文化获取或学习领域。[2] 这就是说，个人行为要素附属于文化传播。因此，文化被视为类似遗传的一个继承系统。[3] 文化进化的核心问题是：为什么人的行为在个体和文化层面上存在令人惊异的差别性和多样性？遗传选择和文化构建的相互作用是不容否定的。例如，文化的选择可以削弱自然选择的压力。一个福利社会国家可以创建一个不太苛刻的环境，这种环境使那些身体和精

---

[1] Arctic Council Indigenous Peoples' Secretariat Terms of Reference and Proceduraladelinespart of Terms of Reference Preamble, http://arctic-council.org/filearchive/IS%20Terms%20of%20Reference%20and%20Guidelines.pd, 2011-9-23.

[2] Boyd, R., Richerson, P., "Punishment Allows the Evolution of Cooperation (or Anything Else) in Sizable Groups", *Journal of Ethology and Sociobiology*, 1992, 13: 171-195.

[3] Cavalli-Sforza, L. L., Feldman, W. W., "Cultural Versus Biological Inheritance: Phenotypic Transmission from Parent to Children (a Theory of the Effect of Parental Phenotypes on Children's Phenotype)", *American Journal of Human Genetics*, 1973, 25: 433-445.

神上处于弱势的人比较容易生存。双继承理论认为,遗传和文化传播结合起来的模型显示出遗传和文化选择的互动,因而它超越了社会生物学。这些模型表明,当人类特征处于平均分布状态时,只要文化选择力量相对强劲,个体则会偏离遗传选择而更倾向于文化选择。

文化演变的驱动力来自人类行为的传播,而人类行为的传播由于受到许多机制的作用而发生改变。Boyd、Richerson指出,这些情况可以概括如下:随机文化差异。文化传播涉及各种各样的"错误"。事实上,文化传播的偏差率似乎远高于基因突变。体制转变。小群体、文化和体制的突变可能会产生巨大的影响,造成了文化的不稳定。有偏见的社会传播。个人倾向于采取某些原有文化的变种,因此这些将增加文化变化的频率。他们将此区分为三种类型:其一,直接的偏见。在那里文化变种取决于物属性的变种(如食品的特点)。其二,间接的偏见。模仿某些特征(如着装风格),与对别人的一些吸引力有关(如名利、财富、幸福)。其三,依赖性偏见,即仿效多数人的行为方式。直接偏见是更有效的,但比其他两种传播途径要花费更多的时间和费用。经验的变化。通过在实践中学习(试错)和沟通,人类可以自觉和完全有目的地改变他们的行为规则。遗传文化(达尔文的进化论)。文化特性对个体生存、繁衍以及社会适应产生影响;反过来,个体生存、繁衍以及社会适应又影响着文化的演进。例如,合作的演变可能涉及群体的选择,他们认为这是"自然选择的文化变异"。[1]

北极民族传统上有着不同于国际主流社会的生态观念和环境意识,而这一因素构成了北极生态相对保存完好的更为重要的原因。人类与自然、环境、宇宙的和谐相处与相互依存(interdependence)来自北极民族的本体论视角(ontological perspective)与社会实践

---

[1] Boyd, R., Richerson, P. J., *Culture and the Evolutionary Process*, University of Chicago Press, Chicago, 1985: 120 – 126.

(social practices)。在我们大力提倡生态文明建设和可持续发展的今天，如何将北极传统生存智慧与经验应用到环境保护、生态恢复、文明重构等社会发展策略中具有现实意义。

6. 技术进步

技术进步影响制度变迁。近两个世纪以来，技术进步使多个领域内的产出发生了规模报酬增加，组织形式逐渐复杂化会加剧利益增速。技术进步大大提高了制度变迁的收益，减少了技术创新的运营成本。尤其是技术的进步使信息获取成本减少，加速了市场和流通制度的改革。技术进步和制度变迁存在相辅相成的关联，两者互相影响、互相促进。技术进步推进了生产力发展，必须有新的制度与其相适应。技术进步也促使生产工具发展，降低劳动力在生产工作中的劳动强度。拉坦的《诱致性制度变迁理论》里描述技术进步是影响制度变迁需求的一个主要因素。他说："制度变迁的转变需求是由要素、产品价格的变化及相关的技术变迁所引致的。"[①] 技术进步可能降低产权的排他性费用，使私有产权制度成立。如美国围栏技术落后的年代，牧场的围栏产生过高费用使生活成本增加，所以牧场经营产权多为共同所有，后来出现了带铁蒺藜的铁丝技术而使围栏费用大大降低，因而出现了西部牧场的私人所有和出租。技术的变化不仅决定着制度结构，而且改变了制度效率。技术变化的作用可以从生产和交易两方面来分析。从前者来看，新的制度安排通常适应制度生存的外部环境，改变要素配置结构及收入分配结构；从后者来看，技术的变化可以减少交易费用，降低社会运行成本。

技术进步为人类认识、探索、开发、利用北极提供了可能。2003年7—9月，中国开展了第二次北极科考行动，历时74天，航行14188海里。此次考察活动以"雪龙"号船为主体，水面作业

[①] 拉坦：《诱致性制度变迁理论》，载《财产权利与制度变迁》，上海三联书店1994年版，第328页。

艇、直升机、冰上车辆辅助,在北冰洋上建立临时的综合观测站,通过卫星跟踪浮标、潜水器、潜标、卫星遥感等高技术手段以及常规观测设备,对楚科奇海、白令海、加拿大海盆进行海洋、大气、地质、冰雪、生物等多学科立体综合观测,获得了大批宝贵的现场数据和样品。

7. 意识形态

林毅夫将意识形态界定为"关于世界的一套信念,它们倾向于从道德上判断劳动分工、收入分配和社会现行制度结构"。① 新制度经济学发现,人类社会意识形态是各不相同的,差异性是由于不同的地理位置和各异的职业造成的。地理位置的不同产生的区别,形成地区性的习惯、语言、宗教、神化和禁忌,最终转化成差别化的意识形态。新制度经济学家指出所有的意识形态都具某些共通的制度特点:意识形态是个人与其环境达成协议的一种节约费用的工具,是通过世界观来简化决策的过程;意识形态是结合个人与其对世界公平的道德和伦理判定结合的理解,需要在相对独立的理性和思维中选择;当个人意识形态与其经验不统一时,会修正意识形态逐渐转化为全新的意识形态,从而确定新的合约规则。诺思认为,意识形态提供一种信念和价值,意识形态是个人与其环境达成协议的一种节约费用的工具,能有效确定现行制度是否合法以及整合一些社会团体的功能。根据新古典理论,假设个人既是"经济人",都按照自我利益最大化行事,就会出现"搭便车"的心理和行为,使涉及需要由集体行动开展的制度变迁行为变得十分困难。但是,现实的情形:"搭便车"问题并没有影响制度变迁,新的制度体系依旧不断推陈出新,多数团体照样继续各自行动,这主要是群体内意识形态的作用。正如诺思所说:"大量的个人行为能够在新古典

---

① 林毅夫:《关于制度变迁的经济学理论》,载《财产权利与制度变迁》,上海三联书店1994年版,第379、384页。

的行为假设中得到说明——从而表现了新古典模式的力量。"[①] "搭便车"现象证明了较大团体在没有明确利益的条件下,多数团体是不稳定的,会产生如对投票的反感及匿名献血的断供现象。但实际上,新古典模式没有充分证据证明此现象:在去除成本后,利益不能达标的情况下,大的团体组织依旧在行动,人们依然选择去投票,选择去匿名献血。人们的决策过程不仅受到经济利益的影响,而且还受到诸如情感、偏好、制度等因素的影响。北极区域合作存在环北极国家与北极域外国家的利益冲突,环北极国家在为各自利益相互竞争的同时,却不愿其他非北极国家竞争北极区域的利益。

第二节 "人类命运共同体"理念

党的十八大报告明确提出了"人类命运共同体"的理念,指出:"要倡导人类命运共同体意识,在追求本国利益时兼顾他国合理关切,在谋求本国发展中促进各国共同发展。"[②] 习近平总书记以天下为己任,倡导全世界和平与共,不断阐释和完善人类命运共同体理念,使人类命运共同体的理论内涵不断得到丰富和发展。

2011年9月《中国的和平发展》白皮书提出"命运共同体"的概念。白皮书指出:"要以命运共同体的新视角,以同舟共济、合作共赢的新理念,寻求多元文明交流互鉴的新局面,寻求人类共同利益和共同价值的新内涵,寻求各国合作应对多样化挑战和实现包容性发展的新道路。"[③] 2013年3月23日,习近平总书记在莫斯科国际关系学院演讲时,第一次向世界传递了中国对人类命运的思

[①] 戴维斯、诺思:《制度变迁理论:概念与原因》,载《财产权利与制度变迁——产权学派与新制度学派译文集》,上海三联书店1991年版,第38页。
[②] 胡锦涛:《坚定不移沿着中国特色社会主义道路前进 为全面建成小康社会而奋斗——在中国共产党第十八次全国代表大会上的报告》,《人民日报》2012年11月18日。
[③] 中华人民共和国国务院新闻办公室:《中国的和平发展》,人民出版社2011年版,第24页。

考。"这个世界,各国相互联系、相互依存的程度空前加深,人类生活在同一个地球村里,生活在历史和现实交会的同一个时空里,越来越成为你中有我、我中有你的命运共同体。"① 2014 年 11 月 28—29 日,习近平总书记在中央外事工作会议上,提出打造"周边命运共同体"的对外战略布局。2015 年 3 月 28 日的博鳌亚洲论坛上,习近平总书记在主旨演讲中指出:"人类只有一个地球,各国共处一个世界。世界好,亚洲才能好;亚洲好,世界才能好。面对风云变幻的国际和地区形势,我们要把握世界大势,跟上时代潮流,共同营造对亚洲、对世界都更为有利的地区秩序,通过迈向亚洲命运共同体,推动建设人类命运共同体。"② 从而明确了亚洲命运共同体与人类命运共同体之间的关系。2015 年 9 月 28 日,习近平主席在联合国成立 70 周年系列峰会上,阐述了人类命运共同体的"五位一体"内涵,即"建立平等相待、互商互谅的伙伴关系,营造公道正义、共建共享的安全格局,谋求开放创新、包容互惠的发展前景,促进和而不同、兼收并蓄的文明交流,构筑尊崇自然、绿色发展的生态体系"。③ 2015 年 11 月 30 日,习近平主席在出席巴黎气候大会开幕式的发言中,强调《巴黎协议》是推动建设人类命运共同体的重要协议。2017 年 1 月 18 日,习近平总书记在联合国日内瓦总部发表《共同构建人类命运共同体》的演讲中指出:"让和平的薪火代代相传,让发展的动力源源不断,让文明的光芒熠熠生辉,是各国人民的期待,也是我们这一代政治家应有的担当。中国方案是:构建人类命运共同体,实现共赢共享。"④

---

① 习近平:《习近平谈治国理政》,外文出版社 2014 年版,第 272 页。
② 习近平:《迈向命运共同体 开创亚洲新未来——在博鳌亚洲论坛 2015 年年会上的主旨演讲》,《人民日报》2015 年 3 月 29 日。
③ 习近平:《携手构建合作共赢新伙伴 同心打造人类命运共同体——在第七十届联合国大会一般性辩论时的讲话》,新华网,2015 年 9 月 28 日,http://news.xinhuanet.com/politics/2015-09/29/c_1116703645.htm。
④ 习近平:《共同构建人类命运共同体——在联合国日内瓦总部的演讲》,《人民日报》2017 年 1 月 20 日。

第三章
契约、交易费用与制度设计策略

以习近平同志为核心的党中央把握时代潮流,旗帜鲜明地"倡导人类命运共同体意识",强烈呼吁世界各国"同舟共济,权责共担,增进人类共同利益"。① 随着习近平总书记一次次地深入阐释,从国与国的命运共同体,到区域内的命运共同体,再到人类命运共同体,涵盖政治、安全、经济、文明、环境、网络空间等诸多领域,人类命运共同体理念的内容逐步充实。

"当今世界,相互联系、相互依存是大潮流。随着商品、资金、信息、人才的高度流动,无论近邻还是远交,无论大国还是小国,无论发达国家还是发展中国家,正日益形成利益交融、安危与共的利益共同体和命运共同体。"② 世界各国在相互依存中形成了利益纽带,"一荣俱荣、一损俱损",任何国家都不能片面追求自身利益而忽视他国利益和公共利益。人类命运共同体理念是倡导国家与国家之间平等互助,相互尊重。"各国体量有大小、国力有强弱、发展有先后,但都是国际社会平等的一员,都有平等参与地区和国际事务的权利。涉及大家的事情要由各国共同商量来办。"③ 人类命运共同体在全世界范围推行,首先应保证主权平等。"一个国家要谋求自身发展,必须也让别人发展;要谋求自身安全,必须也让别人安全;要谋求自身过得好,必须也让别人过得好。"④ 世界包罗万象,在处理不同民族、不同宗教与不同文明的问题上,应充分尊重世界各国的文化多样性,充分尊重世界各国自主选择的社会制度和发展道路。"不同文明凝聚着不同民族的智慧和贡献,没有高低之别,

---

① 《习近平对世界如是说》,人民网,2015 年 11 月 23 日,http://theory.people.com.cn/n/2015/1123/c40531 - 27843728 - 3.html。
② 习近平:《共倡开放包容 共促和平发展——在伦敦金融城市长晚宴上的演讲》,《人民日报》2015 年 10 月 23 日。
③ 习近平:《迈向命运共同体 开创亚洲新未来——在博鳌亚洲论坛 2015 年年会上的主旨演讲》,《人民日报》2015 年 3 月 29 日。
④ 习近平:《携手合作 共同维护世界和平与安全——在"世界和平论坛"开幕式上的致辞》,《人民日报》2012 年 7 月 8 日。

更无优劣之分。文明之间要对话，不要排斥；要交流，不要取代。"① 世界足够大，容得下不同国家共享安全、共同发展。

北冰洋是世界的，不是专属于北冰洋沿岸国家的。依照《联合国海洋法公约》，世界各国不管是沿海地区国家还是内陆地区国家，都有平等利用北冰洋公海部分的权力。北冰洋中公海区域范围的海洋资源是世界共有资产，应当能惠及全人类。为了使其能真正地为全人类所拥有，为全人类服务，就需要通过全人类的全球治理途径来保护这些人类的共同财产。

北极区域治理应遵循全球性制度。除了前述已经反复提及的《联合国海洋法公约》以及依据《联合国海洋法公约》而成立的联合国大陆架界限委员会对北极的区域治理具有直接影响之外，还有其他一系列重要的全球性国际制度对北极的区域治理也存在直接有效的影响。在北极区域环境保护和应对气候变化问题上，1985年的《保护臭氧层维也纳公约》、1987年的《关于消耗臭氧层物质的蒙特利尔议定书》、1992年的《联合国气候变化框架公约》、1997年的《京都议定书》、2001年的《关于持久性有机污染物的斯德哥尔摩公约》等一系列全球性国际公约以及公约缔约方的系列会议都具有重要的作用与影响。在北极区域的海运活动和北极区域的商业活动方面，国际海事组织和世界贸易组织都是无法绕开的国际制度。此外，诸如全球性的国际制度世界卫生组织、联合国开发计划署、联合国环境规划署等，都与北极的区域治理有密切的联系。全球治理是依据全球性的制度，所以北极的区域治理也应遵循。当前国际体系的深刻转型促使北极区域治理必须与全球治理相连接。冷战结束之后，尤其是进入21世纪之后，国际体系正在发生重大转型，其特点为：一方面新兴大国的群体性崛起，另一方面以国家为单一行为体的国际社会向多元行为体的全球社会转型。新兴大国的崛起必

---

① 《习近平在联合国成立70周年系列峰会上的讲话》，人民出版社2015年版，第18页。

然导致它们对参与北极治理的兴趣，因为北极地区也有它们的利益之所在。就目前所了解到的情况，《斯瓦尔巴条约》（又称《斯匹次卑尔根群岛条约》）的缔约国巴西对北极地区有浓厚的兴趣，准备在斯瓦尔巴群岛上建立科考站，印度同样对北极地区航道使用持积极态度。因此，全球治理、环境制度和北极问题的全球知名专家奥兰·杨提出，当前的北极治理应有域外国家参与其中。与此同时，社会团体组织在当代国际体系中的作用日益重要，这显然对北极区域治理有实际帮助。迄今为止，不仅北极区域而且是全球性的非政府组织诸如海洋保护咨询委员会、世界自然保护基金、极地保护联盟、国际北极科学委员会、极地健康国际联盟等都积极参与北极理事会的工作，而国际科学理事会、国际船级社协会、国际海洋勘探理事会也在北极事务如北极科学考察、北极航海事务、北极海洋勘探等方面发挥重要的作用，所以当前的北极区域治理和全球治理也是从跨国社会层面联系起来的。

正是在上述一系列因素的影响下，在全球化深入发展和当代国际体系深刻转型的时代大环境之中，北极区域治理很难超越全球治理而独行其是，这就意味着北极治理需要嵌入全球治理的进程中才能真正达到预期的治理效果。北极治理置入全球治理的行动，既是将北极治理视为嵌入全球治理体系的区域治理，实现北极区域各国和社会团体认同区域性国际机制，包括双边和多边治理，同时允许非北极区域的国家和社会团体参与北极事务，将北极地区的治理融入全球治理。达到合并之后的北极区域治理能真正超越地域、国家、政党，从而使北极区域得到善治，并为全球治理做出贡献。

第三节　制度设计原则与策略性选择

制度设计非常重要，关乎制度的有效运行。制度设计不能随心所欲，应该遵循一定的原则，这直接决定着制度设计的好坏。那么

◇ "冰上丝绸之路"合作制度设计

制度设计应该遵循怎样的原则？

一 制度设计原则

1. 普惠性原则

所谓普惠性是指制度能使多数行为体从中受益，其规范和约束作用是同等的。既要正视北极国家在北极治理问题上的先发优势，又要兼顾其他域外国家在北极地区的利益诉求，更要维护中国合理的北极权益。在"冰上丝绸之路"合作制度设计上应坚持多边主义（Multilateralism），反对单边主义，重视联合国等政府间国际组织对北极治理与国家间互动的作用。多边主义原则的核心就是要保证所有攸关方相互尊重、合作共赢。中国与各方共建"冰上丝绸之路"是建立在遵循《联合国宪章》《联合国海洋法公约》等国际条约和一般国际法的重要基础上；本着四个尊重的原则，即尊重北极国家在北极享有的主权、主权权利和管辖权，尊重北极原住居民的传统和文化，尊重北极域外国家依法在北极开展活动的权利和自由，尊重国际社会在北极的整体利益。合作是各方共建"冰上丝绸之路"的有效路径，唯有依靠国际社会合作的整体力量，各方应围绕航道建设、环境保护、科学研究、资源开发、人文交流等领域开展全球性、区域性、次区域的多边和双边北极合作。在"冰上丝绸之路"合作中坚持共赢原则，中国参与北极事务的价值追求就是达到所有参与国和组织共赢，主要体现在两个层面：一是国际社会层面，实现北极利益攸关方在各个议题领域中的协同共进，寻找并扩大彼此间的共同利益与合作基础，确保实现域内、域外的所有利益攸关方都能够普遍性从中获益。二是构建北极社会发展与自然环境保护的协同系统，实现北极地区的人类活动与生态环境的和谐统一。中国作为共建"冰上丝绸之路"的倡导者和积极推动者，必将持久秉持共商、共享的理念，坚定不移地在多边主义框架下，参与北极治理的规范制定，增强与相关国家的互信。

2. 激励相容原则

激励相容是指所制定的制度和机制对每一个参与者都能产生激

励，使参与者在最大化个体利益的同时也满足了群体（组织）所制定的目标和要求。制度设计应使个体的利己行为结果与给定的社会目标相一致。人是有限理性的经济人，人们在经济活动中，偏好于经济行为的自由选择和信息的分散化决策。因此，在缺少有效激励机制的条件下，人们就往往会产生机会主义行为。经济学的机理表明，个体追求自身的利益被认为是进行任何活动的原动力。然而，个体追求自身利益最大化的同时，并不必然带来社会利益的最大化，两者之间可能存在巨大的差异和矛盾。制度设计的一个精美奥秘就在于协调两者的关系，一方面，通过禁止个体的某些行为使其不能损害他人乃至社会的利益；另一方面，又给追求个体利益的正当行为提供一个活动空间和保护机制，使行为者的个体利益乃至全社会的利益都可以通过个体行为得到实现。"冰上丝绸之路"制度设计的核心思想是使北极域内外国家在追求各自利益的同时，还要实现"人类共同利益"，北极命运共同体就是以此为出发点和目标建立的。

3. 共商共建、合作共赢原则

《中国的北极政策》白皮书指出，合作就是要在北极建立多层次、全方位、宽领域的合作关系。这种多层次合作包括全球性、区域性、多边和双边等合作形式；全方位的合作是指众多利益攸关方即北极域内外国家、政府间国际组织、非国家实体等共同参与合作；宽领域合作则是把气候变化、科研、环保、航道、资源、人文等众多领域纳入合作范畴。白皮书也指出，共赢就是要在北极事务各利益攸关方之间追求互利互惠，以及在各活动领域之间追求和谐共进。共赢不仅要确保北极国家、境外国家和非国家实体等参与方得到普惠，并惠及北极居民和原住居民群体，而且要促进北极各领域活动的协调发展，确保北极的生态环境保护和经济社会发展相统一。[①]

---

① 《中国的北极政策》（白皮书），中华人民共和国国务院新闻办公室 2018 年 1 月 26 日发表。

4. 效率原则

好的制度应该是有效率的制度,这里的效率主要是指制度运作的效率。而要提高制度的效率,制度设计需要做到:第一,应该努力降低信息的成本,减少信息的维数。在能实现相同的社会目标的前提下,制度设计要选择信息成本最小化方案,这样的设计方案需要的信息空间维数小,需要传递的指标也少。第二,应有利于激发人的积极性,降低人的机会主义行为。第三,应有利于使外部性内部化。任何制度的运作都会产生作用,制度作用体现着制度运作的功能,尽管制度功能是多方面的,但最根本的一项功能无疑是使外部性内部化。外部性内部化程度决定着制度的效率,一项制度安排使外部性内部化的程度越高,就越有效率。第四,应有完善的制度结构。任何一项制度安排都可能有效率,也可能缺乏效率。每一项制度安排都一定内在地联结着其他制度安排,共同镶嵌在制度结构中,所以一项制度的效率还取决于其他制度安排实现它们的完善程度。也就是说,一项制度安排的效率不是独立于其他制度安排之外的运作结果,而是融合于制度结构之中的耦合作用。从这层意义上讲,制度安排是一种函数,其中任何一项制度安排均是制度结构中其他制度安排的函数。效率性原则要求"冰上丝绸之路"合作机制能够对突发事件进行迅速处理,避免损失的扩大。"冰上丝绸之路"建设中存在较多的不确定性因素和建设风险,各国应建立有效的应急机制和快速反应机制,以提高应对不确定性的能力,减少合作风险。

5. 和谐性原则

所谓制度的和谐,是指制度本身应该合理、完善,具有自洽性,在实施过程中能够避免制度的乏力、变形、失调、缺位、冲突等状况。制度不和谐主要表现在以下几个方面:一是制度乏力。有的制度虽然已经制定出来了,但是没有贯彻执行;有的制度虽然得以实施,但起不到实际的效果,或是效果脱离原来的预期,使制度形同虚设,这是制度不和谐的最普遍的表现形式。二是制度变形。就是说某一制度的出台本来是要解决甲问题的,但是却引发了乙问题,而且要解决乙问题的难度并不比甲问题小。三是制度缺位问题严重。在有关制度的制定和修正过程中,执行者为了减少制度对自己行为的约束,尽量使制度的内容不完整,各种规定过于笼统,大而化之,这样执行者就可以随意解释,从而为自己的行为提供诸多便利,减少约束。四是制度冲突。一方面表现为"上有政策,下有对策"式的纵向层级间的冲突;另一方面表现为甲制度和乙制度之间的横向冲突。五是制度失调。这主要是指制度体系本身不完善,致使出现功能失调。

6. 耦合性原则

制度耦合是指制度系统内的各项制度安排为了实现某一确定的功能和目标,有机地组合在一起,从不同角度约束人们的行为,使个人利益与社会利益趋于一致。或者说,在给定的资源存量等条件下,现存的制度集合和制度安排的任何改变都不可能增加社会的总收益和增强制度集合的功能,整个制度系统处于"稳定"的状态中。制度耦合是制度配置的最佳形式。具体而言,制度耦合包括以下方面:

第一,正式制度与非正式制度之间的耦合。正式制度也叫正式规则,它是指人们(主要是政府、国家或统治者)有意识创造的一系列政策、法律、法规。按照诺思的观点,正式制度包括政治规则、经济规则和契约。正式制度的结构方式是一种等级结构,顶端为宪法,依次为成文法与普通法,然后是细化可执行的细则,最下层可以是个别契约。以上各级制度都对人们的行为有制约作用。非正式制度也叫非正式规则,它是人们在长期的交往中无意识形成的,并具有可持续性特点,构成传承的惯例和文化的一部分。

第二,制度子系统内部各种制度安排间的耦合。多个具体的制度安排构建成一个制度子系统,它们互相协调、互相配合,使其所在的制度子系统充分发挥作用。对于制度子系统内部各种制度安排之间是否实现了耦合的问题,首先要解析这些制度安排之间在执行时有无相互矛盾冲突的地方，能否起到对行为的约束作用；其次还要解析资源投入这些制度安排的边际收益是否相等。满足以下两点可判定制度子系统达到耦合状态：一是各种制度安排之间没有相互抵触；二是投入资源的边际收益相等。反之，制度子系统内部处于互相摩擦和抵触状态，制度效率必然下降。

第三，内部制度与外部制度的耦合。内部制度是指组织内部采取的一系列相互联系、相互制约的制度和方法。外部制度是指与组织内部制度相关联的外在的一系列相互联系、相互制约的制度和方法。

第四，内在制度与外在制度的耦合。柯武刚、史漫飞认为，内在制度是群体内随经验而演化的规则，外在制度则是外在地设计出来并靠政治行动由上面强加于社会的规则。内在制度包括：①非正式的。即未得到正式机制支持的制度。这类制度主要有：一是习惯。当个人的行为受到这类规则管控时，个体会受益良多，而违反这类规则时其自身利益会受到侵害；二是内化规则。违反这类规则将主要感到内疚，开启自我惩罚模式；三是习俗和礼貌。违反这类规则就会受到来自他人的异议或排挤，一般称其为非正式惩罚。②正式的。例如，在有组织的方式下由某些社会成员进行的惩罚制度。外在制度是政治上强加于社会而付诸实施的制度，制度的设计主体是统治共同体的政治权力机构。外在制度是强制执行的，因此它永远是正式制度，通常设置某个权威机构来监督执行和惩罚。当然也存在往往以非限制性的抽象方式起作用的外在制度，如私法适用于无数的个人和情形。当外在制度与通行的内在制度达到耦合，能够更规范地制约社会成员的行为。外在制度是通过主体设计而来的，这与演化来的内在制度有本质上的区别。这种主体具有政治导向，拥有某种强制实施的权力而高居于共同体之上。在人类物质文明和精神文明尚未达到一定高度之前，外在制度总是隐含着某种自上而下的等级制，而内在制度则是被横向地运用于平等的主体之间。

第五，制度内部各层级之间的耦合。制度可以统一划分为正式制度和非正式制度。诺思认为，正式制度可以作如下排序：①宪法；②成文法与普通法及细则；③单个合约。在分析交易成本时，他又指出，宪法、成文法、习惯法（甚至地方法）确定一个交换中的正规权利结构。如果把习惯法并入细则中，这里又在成文法后增加了地方法一个层次。不同层级的制度各有不同的作用范围。如果把非正式制度也考虑进来，制度可以划分为如下相互关联的6个层次，并构成了一个制度链，即非正式制度→宪法→成文法、普通法、细则与习惯法→有立法权行政区域的法规→地方政府的政策→企业合约。它们之间的关系是：上一层次制度对下一层次制度有着影响或决定作用，而下一层次制度能否科学设计与有效运行，又进一步影响上一层次制度的运行与制度目标的实现。因此，在设计上一层次制度时，必须考虑下一层次制度的合理设计；而在设计下一层次制度时，更需兼顾上一层次制度的目标。

第六，核心制度与配套制度的耦合。各项制度安排的引致效果并不完全相同，其中必有一项或一组制度安排的引致作用最为重要，我们可以称其为核心制度安排，简称核心制度。相对而言，其余的制度安排的引致作用则相对较弱，并且在很大程度上受核心制度控制，因而可称为配套制度安排，简称配套制度。核心制度和配套制度耦合而形成制度结构。

7. 坚持可持续发展原则

旨在利用正式和非正式的国际规范安排，统筹协调不同利益攸关方之间、人与北极自然环境之间的冲突。中国在推进"冰上丝绸之路"建设中坚持可持续性，主要体现在两个层面，一是实行北极生态环境、资源开发的可持续性，致力于北极地区的良性发展。二是实现经济活动与管理规范、环境保护之间的协调，实现北极权益的代际传承。

一是绿色环保。北极地区地理环境相对闭塞，尚未经过人类的大量开发，生态环境保持良好。同时，北极地区相对脆弱的生态系统使其抗污染能力较低，任何轻微的污染和破坏都有可能打破生态系统的平衡，对北极地区的生态环境造成不可挽回的损失，人类社会已经承受过"先污染、后治理"的严重后果。在人类文明和科学技术高度发达的 21 世纪，丝绸之路北极航线的开发应以科学为先导，建立环境友好型的丝绸之路北极航线问题协调机制。

二是着眼于长期利益。目前北极航线尚未实现大规模商业运营，航线上的冰封期还很长，航线在未来一段时间将会发生重大的变化，需要大量的前瞻性准备工作。因此，丝绸之路北极航线问题国际协调机制的建立应充分考虑航线开通后的各种可能情况，制定相应预案，着眼于丝绸之路北极航线的长远发展。

三是动态性。丝绸之路北极航线问题是一个动态问题，与其对应的国际协调机制也必然要与时俱进，才能适应问题发展的需要。①动态性体现在机制的参与原则上，符合机制要求的国家即可参与到丝绸之路北极航线事务的处理之中，这充分体现了系统开放的特点。②随着丝绸之路北极航线问题的不断发展，会陆续出现很多后续问题，机制的调节内容将会发生变化。③协调机制中的条约及组织机构也是动态可变的，随着环境的变化，应摒弃不适应当前环境的部分条约，组织结构也应适时进行变革，确保达成协调目的。

中国要推动北极地区可持续发展，参与北极治理是最基本的路径，可持续是实践底线。北极治理既有的理论指引，存在三大缺陷：①侧重"非传统安全"；②服务于"北极国家"；③追求"一事一议"。在全球化理论与生态政治学的基础上，重构北极治理理论的基本思路是重视北极地区的可持续发展，这就需要通过正式和非正式的国际规范安排，统筹协调不同利益攸关方之间、人与北极自然环境之间的冲突。中国在参与北极实践的过程中坚持可持续性，主要体现在两个层面：一是实行北极生态环境、资源开发的可持续性，致力于北极地区的良性发展；二是实现经济活动与管理规范、环境保护之间的协调，实现北极权益的代际传承。

二 制度设计基本要求

1. 符合人类基本价值观

制度设计应符合人类社会几千年文明积淀下来的一般价值理念，

即人类的基本价值观（Basic Human Values）。柯武刚、史漫飞把基本价值定义为得到极普遍肯定的高级个人偏好，绝大多数较具体的意愿大都从属于这些价值观。尽管这样的价值观在不同的社会中有不同的具体形式，但不管在什么文化当中，它们基本上得到了全世界普遍的认同和追求。这种基本价值观包括平等、自由、公正、正义、公平、和平、安全、幸福、民主、经济福利、宜人的环境等。卢梭曾把人的基本价值目标归结为自由与平等。他说，"如果我们探讨，应该成为一切立法体系最终目的的全体最大的幸福究竟是什么，我们便会发现它可以归结为两大主要的目标：即自由与平等"。平等表现为个体都希望得到别人拥有的东西，自由表现为个体都希望把通过自己努力得来的东西合情合理地占有。正是由于人类社会这两大基本价值目标的存在，才促使制度设计者开始根据平等原则和自由原则来制定政治制度，然而，实践中却发现任何一种政治制度都有其缺陷，难以找到完美无缺的制度设计。柯武刚、史漫飞把人的基本价值观归结为以下方面：①个人免受恐惧和强制的自由。现有的大量的民事自由权和经济自由权可以做出诠释。自由意味着在一定范围内，个人追求其既定目标时享有受保护的自主权，也就是拥有一个他们能完全掌控决策的领域。但毫无疑问，这个领域是要受到约束的。这种约束源于社会经济、物质技术等方面的发展状况，特别是源于某些意在保护他人不受约束的制度。当自由失去了规则的约束就是放纵，而放纵必然会使社会动荡甚至武力冲突，有效合作成为空谈。②公正、公平。它意味着同样环境下，要人人平等，要一视同仁。同样的标准的约束适用于所有的人，不问其阶级和身份。在实践中，这与人们要求法治而不是（任意的）人治重合在一起。这种程序公正（或形式公正）与平等密切相关，即所有的人都有机会不受他人妨碍地追求其自选目标，从而体现着机会平等。如果不考虑个人起点、幸运或努力程度，则体现着结果的平等。社会改革的目标应追求一种帕累托改进，即提高一部分人的社会福利的同时不降低其他人的社会福利。③安全。它赋予人们持久的安全信念：他们的生命和自由都能得到庇护，不会受到暴力的和非法的侵害，并且他们的生存环境安全稳定，不会有意外的、难以应付的变化。安全既可以是一个人自己对安全性的个人评价，也可以是观察者对他人安全性的评价。④和平。没有共同体内部的权利纷争和动乱，也没有外部强加的战争和暴力，内部和外部都处于和平状态。⑤经济福利（或繁荣）。能够达成改善物质状况和在一定程度上持续保有物质成果的意愿。⑥宪政制度。依法执政可以从根本上控制国家机会主义的滋生，这是减少内生交易费用的关键。⑦宜人的自然环境和人工环境。这是大多数人追求的另一种价值。它可以在相当程度上被理解为安全的一个子目标（例如，在未来避免能伤害人类福祉的环境悲剧）。"冰上丝绸之路"合作制度设计应突出平等的对话、协商与沟通机制，维护北极地区安全稳定，保护北极生态环境，合理开发利用北极资源能源，增进北极福祉。

2. 制度结构耦合

制度结构是由不同制度安排构成的系统。科学地进行制度配置，制度结构会趋于更加合理和完善，创造更高的经济效益。现有的制度安排要发挥其最大效率，就要采取优化组合方式进行科学配置。配置方式影响制度安排，同样的制度安排在不同的配置方式下会拥有截然不同的结果。在制度配置过程中要考虑诸多影响因素，如制度适用对象的范围、层次、习俗以及地域差异等，制度环境因素也至关重要。若干制度子系统构成一个完整的制度系统，制度系统、子系统和每个子系统内都可以涵盖不同的层级结构。制度系统一般呈现树状的结构，各项制度安排形成支链并由干链向支链继续延伸，这些制度安排相互关联、相互影响。在制度系统内，每项制度安排都遵循等级排列规律，恰当地嵌在既定的结构层次上，占据适合的位置，这个位置也并非是固定不变的，即一项制度安排可以由支链上升到干链，也可以由干链退化到支链上来。制度配置需要在结构层次上达到空间的耦合，又需要在时间维度上彼此关联渗透，从而共同演进。各项制度安排有机相连，因此在进行制度设计时要注意观察制度之间的关联特征，充分考虑制度结构的耦合。只有实现科学配置的制度才能顺利实施，并可能获得更高的经济效益，更好地实现预期目标。所以，在进行"冰上丝绸之路"合作的制度设计时，设计者应实现正式制度与非正式制度的耦合，内在制度与外在制度的耦合，制度层级结构的耦合。

3. 突出意识形态

制度设计应与意识形态建设相结合。意识形态可以被定义为关于世界的一套信念以及与之相联系的价值观、道德观念等。通过加强意识形态建设树立正确的价值观和道德观，从主观上降低机会主义行为的发生概率，减少其不正当收益。效用函数受人们的意识形态影响，不同的意识形态产生不同的效用函数。那些受意识形态影响较深的人更偏好于精神因素，同等选择下，他们往往认为精神层次上的给予要比物质层次上的给予更重要，更愿意得到精神层次上的满足，财物构不成必然的诱惑因而导致投机行为的可能性减少。在制度设计时，一是要实施有效的道德奖惩制度，对恶要预防制裁，对善要弘扬嘉奖；二是要形成监督机制，防止滥用职权和以权谋私，最大限度地维护公共利益和人民的权益。制度设计要兼顾集体利益和个人利益，允许个体选择与集体行动进行博弈，既维护公平的原则又体现了自身价值的追求理念。正如波斯特所说："尽管制度设计有时候仅仅与程序和实施相关，但是通常情况下，它们只指实质性的价值；而这些价值恰恰是由制度设计的正当性以及通过对这一设计而取得的公正结果所体现出来。"所以，制度建设与意识形态建设应并重，特别是应完善道德、诚信等规范要求，牢牢掌控主流意识形态阵地和话语权，创造良好的文化环境和舆论氛围，大力倡导优良传统和道德规范，使每个设计者都能树立正确的价值观和道德观。制度建设与意识形态建设并举，对有效地约束各领域的机会主义行为具有重大的意义。在进行"冰上丝绸之路"合作的制度设计时，应彰显公平正义、维护和平、彼此尊重、共商共建、合作共赢的思想理念。

4. 注重制度惯例影响涉及环境

要注重制度设计中的惯例。某个特有的惯例组合往往成为一种潜在因素，影响某项制度结构的构成。根据理性选择对惯例的释义，当假定策略条件不变时，制度设计就可以预料，一旦一套惯例是适宜的，它将可以自我维持，而且也可以自发地形成。制度设计的工作就是在惯例的孕育过程中加以引导向有效的方向发展，使形成的惯例组合更好地发挥效率。惯例形成过程中无效率的原因值得关注：①惯例自身的确立可能是缓慢的；②自发确立的惯例可能非最优；③事物发生变化而某个惯例没有随之有效地改变；④两个孤立的团体更容易形成两种迥异的惯例，这样的惯例阻碍团体之间进行有效地融合。惯例的形成速度受到外部条件影响，比如团体处于十分复杂的环境、人际之间缺乏交流条件、相关参与人变动频繁，此时惯例的形成会非常缓慢。因此，当设计过程中需要许多的技术标准时，等待预料中自发形成的标准的过程可能是漫长的，但标准化团体的工作可以加速标准的形成过程，标准的获得变得更加容易。标准化团体利用其优势资源，能使给出的标准更具突出性，社会更容易采纳使用。一般而言，制度设计者应以惯例变得更突出为己任。一种惯例的复杂程度取决于它所使用的环境。例如，一个制度越重要，需要投入的认知成本就应该越多。然而，惯例本身的复杂程度并非制约惯例的效率的唯一限制因素。由于惯例的组合构成了更大的框架甚至更高的文化，现存框架就有可能在新惯例形成时被利用来约束成本。当预料的结果表明惯例会稳定地随着周围的环境变化时，已有的框架在帮助人们预测变化的方向和范围时，作用就变得尤为突出。初始的突出因素在某种程度上决定惯例的形成，因此，彼此孤立状态下形成的惯例之间就会存在很大的差异，摒弃这种差异文化的融合至关重要。在进行"冰上丝绸之路"合作的制度设计时，应尊重北极原住居民的生产生活方式，尊重原住居民的文化习俗。

5. 顺应北极制度环境，不能简单制度移植

制度设计不能简单照搬和移植。制度移植是指制度从一个国家或地区向另一个国家或地区的推广或引入。制度移植能有效地控制制度变迁的成本，但制度移植要与所在国家或地区的制度环境和制度系统相配套。所谓制度环境，是指一系列用来建立生产、交换与分配基础的政治、社会和法律的基础规则。制度环境是一国的基本制度规定，它决定和影响其他的制度安排。从制度互补和制度配套角度来看，效用最大化的制度安排可以用一种函数来表达，特别是制度结构中其他制度安排的函数。制度移植增加了当地现有的制度，丰富了制度的选择范围，但同时带来了制度与社会不配套的现实问题。与技术移植相比，制度移植更加难以融入，这是由于一个制度安排是否能够被有效地施行，取决于它与其他相关制度安排之间的协调。而已经移植到其他国家或地区的制度安排，为了尽快适应当地制度环境，就要投入更多的精力来调整。尤其一些制度规范是来源于特定的文化，离开这种文化这些制度规范就很难适用其他地区。北极问题与南极问题虽然有许多相似之处，比如同样面对主权纷争，存在利益协调，关乎国际社会的稳定，但北极问题关乎国家利益的现实性更强，面临的社会环境更加复杂，因而"冰上丝绸之路"合作制度设计不能简单照搬《南极条例》，而需要建立北极地区特定的制度体系。

第四章 合作制度体系建构

本章从区域经济合作制度、生态环境保护制度、法律与人文交流合作制度、北极国际安全保障制度、北极治理与跨区域合作制度等方面构建"冰上丝绸之路"合作制度体系，阐述合作制度建设现状、合作制度设计的主要关切点，进而提出中国的政策倡议。

第一节 区域经济合作制度

一 合作现状

作为石油、天然气和渔业资源最大储藏地的北极最有希望成为未来世界资源开发的营地。美国国家地质勘测局不止一次对北极海底的矿藏资源进行估算，最终得出的结果一致显示为北极海底的石油和天然气储量大约占据世界总储量的1/4。据俄罗斯自然资源生态部推测，储藏在俄罗斯境内北冰洋大陆架之下的石油和天然气储量约有1000亿吨。尽管曾经关于石油和天然气的开采技术比较落后，但是全球变暖现象的发生致使北极冰层正以年0.9%左右的速度消融，使未来北极地区资源开采工作不再困难重重，下一个继中东之后的资源基地极有可能属于北极。长期以来，中俄两国为了寻求共同的发展方向，积极探索两国之间互利共赢的契合点和高效的发展方式。其间，两国高度互补互利，重点关注能源领域的开发。

第四章 合作制度体系建构

直至今日，能源合作已成为中俄务实合作最突出的领域之一。

北极拥有丰富的资源储量，它们种类繁多且数量巨大。世界石油和天然气总储量的3.3%深埋于北极地下，所有专家一致认为北极大陆架下蕴藏着丰富的矿产资源，即使在现有的技术条件下，开发这些资源也是完全可以盈利的。加拿大和挪威两国早就在北极大陆架的数十个平台上工作，产能非常高。据评估，俄罗斯境内北极大陆架有90亿—100亿吨石油储量，俄罗斯的中长期目标是，开发北极大陆架并使之成为全球最大的油气产区。这一目标的实现在很多方面决定着该地区的发展，决定着俄罗斯作为能源超级大国的地位。

美国地质局公开数据表示，北极地区的潜在石油储量、天然气储量和凝析油储量分别约有900亿桶、43.7万亿立方米和440亿桶，其中，天然气储量约占俄罗斯天然气总储量的82%。俄罗斯所需的铜、钳、钴、磷灰石精矿的主要开采地就是北极，现已开发地区面临着矿产资源耗尽的窘境，并且俄罗斯在苏联解体后丧失的一系列自然资源产地，预示着将来必须扩大北极地区的开采量。

2017年12月8日，Yamal[①]项目在俄罗斯境内北极地区正式投入生产，Yamal项目是当今世界最大北极地区液化天然气开发项目，也是世界上最大的天然气供销综合项目，因此Yamal项目被誉为"北极圈地下璀璨的能源明珠"。Yamal项目是大型的北极液化天然气开发项目，被称为中俄两国合作的"风向标"和"镇楼石"，同时该项目也是"冰上丝绸之路"的核心战略要点。中国石油天然气集团参与了该项目的运作，同丝路基金[②]、俄罗斯诺瓦泰克公司[③]、

[①] 亚马尔项目是中国提出"一带一路"倡议后在俄罗斯实施的首个特大型能源合作项目。

[②] 丝路基金是由中国投资责任有限公司、中国进出口银行、中国外汇储备和国家开发银行共同出资设立的投资基金，应用于"一带一路"发展过程中的投融资服务。

[③] 俄罗斯诺瓦泰克公司是俄罗斯最大的独立天然气生产商，主要从事天然气和液态烃的勘探、生产、加工和销售。

道达尔公司①分别持有该项目20%、9.9%、50.1%、20%的股份。截至2017年11月，中俄两国签署了一份总产量为1418.88万吨的液化天然气长期销售协议。

　　Yamal项目不仅吹响了北极资源开发的号角，而且担负着人类文明延续进步的重任，中国、俄罗斯和法国的企业和金融机构的参与大大加快了这一进程。现如今，作为中俄两国最大贸易合作平台的Yamal项目，受到两国政府的高度重视和支持，被称为"最具代表性的北极合作项目"。Yamal项目60%以上的部件和模块平均在16天内即可通过白令海峡和北极东北部水道运输，比通过苏伊士运河少了近20天，大大提高了工作的效率。

　　中俄两国之间的合作关系是推动"冰上丝绸之路"建设的重要基础。在北极问题上，俄罗斯对中国的伙伴关系以务实的方式进行，俄罗斯需要大量的资金和技术来发展北极，俄罗斯在北极地区的能源开发表明，俄罗斯与中国的战略合作正在兴起，有关北极理事会和北方海航道的政策将更为务实。虽然中俄双边关系鼓励扩大对北极的合作，但俄罗斯出于对主权和安全问题的顾虑，在一定程度上，进一步合作的发展是有限的。Mia M. Bennett（2016）在《丝绸之路北上：中国"一带一路"倡议下俄罗斯的角色》一文中提出了自己的观点和看法：俄罗斯作为一个国土面积大国，始终同中国之间存在紧密的联系，俄罗斯是中国"一带一路"倡议的响应者。"一带一路"工程项目之所以能够得到两国的一致认可，是因为两国之间具有深厚的国际感情和早已建立起的交通基础设施合作伙伴关系。

　　围绕北极地区进行的石油和天然气的开发活动已成为地区国际合作的关键领域。俄罗斯天然气工业股份公司在伯朝拉海的普里拉兹洛姆诺耶油田建立了一个石油开采平台。两个国际巨头公司俄罗斯石油公司和埃克森美孚公司签订了大型合作协议，预示着市场上

---

①　道达尔公司是主要从事润滑油相关业务。

大型竞争对手之间有了合作意愿，北极正在变成一个重要的经济发展源头。

北极海冰融化日益加剧，降低了北极域外国家进入北极地区开展活动的门槛，对北极资源的开发不再如以往一样困难重重，且已具备了实现的可能性。全球变暖将在10年内导致北冰洋夏季无冰年，包括在三条北极航线上争夺北极资源和其他交通工具，北极恶劣的自然环境对航运的开发建设提出了严峻的考验，北极航道通行归属权和国际化管理问题一度引发激烈探讨。2020年前后，俄罗斯通过了对北极地区建设发展的一系列相关决策，决定将俄罗斯境内的北极地区资源基础转化为物质条件，并将北极海上航线变成一条在未来很长一段时间内向国际航运开放的交易区。北极发展的关键作用在于北极航道开发利用，北极航道是连接俄罗斯西部地区和东部地区、欧洲港口和亚洲港口的最短海路。从长远来看，这条交通大动脉将有望成为连接亚太地区和欧洲的最短纽带。

一些学者已经建模并分析了通过北海航线进行集装箱运输的技术和经济可行性，其他学者从经济利益至上的角度，研究了使用北海航线作为苏伊士航线替代路线的可行性。[1] 有学者探索通过北冰洋的新航运路线，特别是北方海航道（NSR）如果商业化，将可以节省约5000海里的距离和航行时间。[2] 开通北极东北航道，可以每年节约航运成本530亿—1270亿美元。其中，中国沿海港口至北美东海岸的航程照传统的巴拿马运河航线缩短2000—3500海里，上海至欧洲西部港口将比传统航线缩短25%—55%。

二 制度设计主要关切点

依据《斯瓦尔巴条约》《联合国海洋法公约》等国际法律条约

---

[1] Miaojia Liu, Jacob Kronbak, "The Potential Economic Viability of Using the Northern Sea Route (NSR) as an Alternative Route between Asia and Europe", *Journal of Transport Geography*, 2010, 18 (3): 434–444.

[2] Sung–Woo Lee, Ju–Mi Song, "Economic Possibilities of Shipping though Northern Sea Route", *The Asian Journal of Shipping and Logistics*, 2014, 30 (3): 415–430.

规定，围绕矿产资源合作开发、渔业资源利用、北极油气资源、北极航道建设与运营、基础设施建设、极地旅游开发、跨国园区合作等完善相关制度。

区域经济合作制度设计的重点领域包括：

一是极地装备制造领域的合作，特别是应该寻求破冰船制造领域的合作。加强对以救援船和破冰船为代表的功能性船只的建造支持力度，大力建设航站、港口等岸基设施，大力增加北极航道的货运量，积极争取属于破冰船制造相关领域的合作项目。

二是北极航道开发与运营合作，包括航道的水文条件、航运环境以及气候变化影响、北极航运安全保障等，鼓励企业参与北极基础设施、港口建设等方面。设立专门监测机制，确保北极航行安全，指挥和管理拥堵海域的交通秩序，包括为船舶提供导航服务和水文气象支持相关服务。

三是北极油气、矿产资源、渔业资源开发利用管理体制。应努力争取在不破坏北极自然气候和条件的情况下，在自然平衡的基础上增加对海洋矿物资源的开发。开发和应用海洋矿物和生物资源的新技术，包括开发厚冰层下的海域，通过使用可再生能源和替代能源、建造和翻新能源工厂以及使用节能材料和技术，最大限度地减少北极对能源的依赖。

四是跨境合作区建设，探索在产业引领项目、信息咨询和技术服务、通关、税收、开发性金融贷款、货币结算、人才等方面的政策支持。

三　中国政策倡议

1. 参与北极航道开发利用

北极航道主要包括东北航线、西北航线和中部航线三个组成部分，北冰洋或将成为国际贸易的交通枢纽的重要因素极大可能取决于全球变暖这一现实原因。中国对于地处北极的国家一直处于尊重和支持的立场，尊重依法对各国管辖海域行使立法和司法权，并且根据《联合国海洋法公约》和其他国际法律法规严格规范北极航道的运营秩序，切实保障各个国家能够依法享有在北极地区航行的自由权。中方一贯主张妥善解决北冰洋航道争端问题，切实遵守《极地水域船舶航行安全守则》，并在制定北极航运规则方面发挥出积极的作用。

中方希望能够将对于北冰洋航线的开发利用作为同其他国家共同建设"冰上丝绸之路"的坚实依托，对于中国企业参与北极航线基础设施建设方面的工作，中方始终持以支持态度，依法进行商业航海试验，稳步推进北极航线的商业利用和正常运营。中国高度重视北极航线的航行安全问题，开展一系列有关北极航线建设的相关调查研究工作，不断加强北极航线水文勘测和与航行相关的调查分析研究，不断提高北极航线的安全与后勤保障能力。认真遵守《极地水域船舶航行安全准则》，支持国际海事组织在制定北极航运规则方面发挥积极作用。

2. 参与油气矿场等自然资源的开发和利用

依据国际法的相关规定，尊重北极国家对其境内管辖区域石油、天然气等非生物资源的管理自主权，保护北极居民的个人利益，并要求相关企业遵守各自国家的法律法规，进行资源开发风险评估，支持企业保护北极生态环境，通过多种形式的合作，参与北极石油、天然气和矿产资源的开发。

北极拥有丰富的能源储备，其中包括热能、风能等一系列清洁能源在内。中国作为一个将互利共赢作为根本发展理念的国家，始终致力于加强同北极各个国家在清洁能源方面的交流与合作，促进同北极各个国家在清洁能源开发方面人才的培养和交换以及先进经验技术方面的交流和学习，探索清洁能源的供应和替代使用，实现低碳发展。

3. 参与渔业等生物资源的养护和利用

由于气候变化和其他因素，鱼类资源正在向北方迁移，北冰洋将来会成为新的大型天然渔场。在北极公海的海洋渔业问题上，中国始终持有适度利用和环境保护的观点，支持就北冰洋公海渔业管理制定有法律约束力的国际协定，坚持对公海渔业资源的研究、开发、利用的权利主张，对渔业资源的保护和生态环境的保护负有义务，不以破坏环境作为发展经济的前提。

中国支持北冰洋国际渔业管理协定，支持在北冰洋建立渔业管理组织或根据联合国海洋法公约建立相关组织。中国致力于北冰洋渔业资源的相关研究，及时开展渔业侦查活动，积极参与北冰洋渔业管理工作。中方愿与北冰洋沿岸国家加强合作、研究、保护和发展鱼类资源开发等相关活动，中国始终寻求通过倡导绿色和可持续发展的方式保护北极生物物种多样性。

4. 参与旅游资源开发

北极旅游业是在北极地区举行的一种旅游活动。中国支持和鼓励企业与北极国家一起开发北极旅游资源，主张不断改进北极安全、保险和救援系统，以确保所有国家的游客安全。继续对北极旅游机构及其工作人员进行培训和监督，以提高中国游客对环境的认识，积极宣传北极低碳旅游、环境旅游和负责任的旅游业，以促进北极旅游业的可持续发展。

中方始终坚持保护北极地区原住民的传统文化，保护他们独特的生活方式和价值观，尊重北极国家在加强北极居民能力建设、提高教育和卫生保健水平、促进经济社会发展、使北极原住民成为北极发展的真正受益者，并积极参与北极资源的开发和利用。

第二节 生态环境保护制度

一 合作现状

就北极地区环境恶化的原因和后果而言，一方面，对北极环境最严重的压力来自"全球气候变化导致的海冰融化、持久性有机污染物的越界转移等"。另一方面，北极气候变化可能对全球气候系统造成严重影响。2013年7月3日，全球气候组织对2001—2010

第四章 合作制度体系建构

年的极端气候进行了分析比较，注意到格陵兰岛和南极冰川融化速度加快，海平面每年平均上升3毫米，20世纪平均上升1.6毫米。其间，平均海平面比1880年上涨20厘米，随着北极冰川融化，全球海平面将上升，北极冰层的融化导致20世纪全球海平面上升了10—25厘米。2009年9月，世界卫生组织、欧洲环境署和欧盟委员会报告预测，预计到2100年，从伦敦到雅典的400多万欧洲人将面临因为海平面上升被海水吞没并担负损失2万亿欧元的风险。此外，北极冻土层温度的上升将向大气中释放更多的甲烷（CH_4），从而加剧温室效应。从北极生态的角度来看，脆弱性是北极生态最重要的特征，受全球变暖影响，北极冰雪融化速度加快，加之人类进入北极活动日益频繁，航船所排放的废气、人类排放到北极地区的各种垃圾以及石油泄漏等，都严重影响了北极的生态环境。

北极理事会将北极环境保护战略纳入自己的权限范围之内，而且北极环境保护战略倡议对已有大量活动记录的监测、规范性和能力提高进行协调。北极环境治理的次地区机构对能力提升进行集中关注，而北极理事会则决定主要对有关环境认识过程进行关注，是对环境进行监测。北极理事会的北极监测评估项目工作组研究危险污染物的路径和水平，包括有机污染物、重金属、放射性核素和碳氢化合物，研究它们对人类、动物和植物健康的影响，并评估它们对气候变化的影响。在北极理事会领导下的其他常设工作组的重点任务是保护海洋环境、危机预防、准备和控制以及保护北极动植物。为吸引更多外部世界对事实的发现进行关注而做出的努力，迄今为止，北极气候影响评估计划是由北极国际科学委员会和北极理事会共同协调制定的，这一评估的目标是对现有有关气候变化地区影响的知识进行甄别。由于对陆地、空气和海水之间热交换潜在的强大影响，众所周知，极地气温的升高将是全球平均气温升高的2倍，北极气候影响评估计划显然是对北极反馈机制的影响进行了更加详尽清晰的解释，因为这种影响所导致的冰雪后退将增加热量的吸收和进一步加速冰雪融化。树木生长线预期将北移数百千米，在直接影响北极居民气候变化的后果中，包括海洋和陆地生物资源发生变化。

北极理事会能够利用其极地的视角和理事会成员国地位把工作重点集中在环境监测上，给予极地科学的优先关注。北极地区主要的空气和水上污染物生物累积的来源都来自北极地区之外，这样，任何只涉及北极国家的相关控制倡议都是不够的。因此，虽然北极制度比其他范围更广的制度在产生具体信息——对北极生态系统的威胁、危险物质对动物和人类构成的威胁，以及争取对行动的支持方面处于更有利的位置，但在涉及更强有力的国际规则的有效性时，情况却与之相反。

此外，联合国为应对北极气候变化挑战进行过十多年的资助。北极气候影响评估计划的那些发现，已被纳入范围更广的政府间气候变化专业委员会的评估工作之中，但是在北极气候影响评估计划下也存在调查取证的困难和评估的客观与规范性等问题，并且涉及长期而不确定的因果链。无论是来自"保护海洋环境的陆上活动区域行动"，还是北极理事会的"北极理事会清理北极污染行动计划"，它们都相当重视那些能够减少地区有害物质排放的必要性。

二 主要关切点

在遵循《联合国气候变化框架公约》和《京都议定书》等国际规则框架下，围绕应对极地气候变化、生态环境保护、环境污染治理等完善相关制度，探索建立起基于生态系统的空间规划和管理系统。未来应当通过特别的机制安排和程序将域外国家和域内国家政府、相关国际组织、北极原住民、其他居民、环保组织、企业等行为体的利益目标协同起来，建立信任和共同愿景。

生态环境保护制度设计的重点领域包括两个方面：

一是北极离岸石油污染治理制度，包括北极离岸油气开发的有效管辖、离岸勘探设备操控与突发性污染事件应急措施、离岸油气开发的环境影响监控措施、北极船舶污染物减排、船源油污治理、防污船底漆管理、极地压舱水治理、船源固体废物防污治理等；适

第四章 合作制度体系建构

当利用可回收的核动力舰艇（主要是破冰船），进行废物"处理"和彻底消除核反应堆由于意外泄漏对北极自然环境的破坏性影响，恢复北极地区的自然环境，处置有毒工业废物，确保化学品安全（尤其是在人口密集地区）。

二是北极生态环境科考合作制度，包括北极气候系统变迁对东亚气候的影响机理、北冰洋环流系统对亚太海洋循环的调控作用、北极海冰退缩对亚欧大陆生态系统的影响、全球低碳减排与北极碳循环的贡献、北极跨区域海洋和大气环境观测及候鸟保护，保护北极的动物和植物多样性，并适当扩大保护区，以保护国家利益。随着人类经济活动的不断扩大和全球气候变暖，必须加强对北极地区自然生态环境的保护，建立开发和保护北极地区自然资源的专门机制，加强对北极地区环境污染的监测。随着北极逐渐变暖，航天技术、海洋工程和军事技术的进步，北极的潜在优势将转化为现实世界的巨大优势。因此，一些国际观察家断言，无论谁主宰北极地区，都将主宰世界经济和军事领域的"制高点"。

北极地区又是一个对环境污染非常敏感的地区，它的人口以及文化完全依赖于该地区的生态环境状况。[1] 当前世界各国和国际社会已逐渐认识到保护北极环境的重要性，北极的环境污染不仅威胁着北极地区的生态状况，还对全球气候和大气状况在内的全球环境产生巨大的影响，造成世界性的环境问题。[2]

媒体报道称："环保从业者会担心北极熊的命运，而北极沿海国家的政客和商人则对北极融化的机会感到高兴。"困扰这些国家政治家的是现行海洋法所存在的缺陷。这使各国对北极的争夺陷于无序。[3]

---

[1] Klaus Topfer et al., "Arctic Environment: European Perspectives", *Environmental Issue Report*, No. 38, 2004, p. 2.

[2] Melissa A. Verhaag, "It is Not Too Late: The Need for a Comprehensive International Treaty to Protect the Arctic Environment", *Georgetown International Environmental Law Review*, 2003, p. 11.

[3] 易强：《北极争夺：无序的大国游戏》，《环球财经》2008年第9期。

直到20世纪80年代末,世界范围内正式提出保护北极环境的提议。1989年9月20—26日,在芬兰政府的倡议下,加拿大、丹麦、芬兰等国的国家代表举行了一次咨询会议,讨论与北极圈领土和领水进行国际合作以保护北极环境的可能性。1990年召开筹备会议,1991年正式签署一项为了保护北极环境而制定的《北极环境保护战略》,这是第一个与保护北极环境有关的国际协定。

2008年5月27—29日,俄罗斯、丹麦、美国、加拿大和挪威代表在格陵兰的伊鲁利萨特举行了会议,签署了《伊鲁利萨特宣言》,涉及环境保护、航行安全、科学合作和危机救援等问题。此宣言极度重视北极航运问题,其中第五部分更是详细阐述了北极生态系统和北极航运之间的关系,并针对加强海上安全和减少污染排放等问题提出有效的针对措施。

《伊鲁利萨特宣言》指出:"海洋法赋予北冰洋地区内各国在划定大陆架、航行自由、海洋科学研究和其他相关事项方面的重要义务和权利。"海洋法作为该宣言背后的法律框架,为以上的5个国家有效管理北冰洋地区提供了坚实的法律保障,参会的5个国家明确表示,它们将严格遵守宣言中所要求的条例,以有序的方式解决任何重叠的领土或海洋争端。五国在《伊鲁利萨特宣言》中声明:"我们认为没有必要再建立一个新的广泛性的国际法律制度来管理北冰洋。"

现行国际法的大部分条款都是针对全球环境问题,而不是北极航线、环境问题。要求现行国际条约的有关规定作为一般性条款适用于北极海道,这不符合实际情况,因为上述国际公约和区域国际条约没有考虑到北极海域的生态承载能力较低,而且同样的污染对北极海域的影响比其他区域更为严重。此外,将海洋法作为法律框架,研究相关国际法和规则的维度和张力,对保护北极航线的海洋环境具有参考和借鉴意义。总之,国际海洋环境保护立法建立了从防止船舶污染、防止海洋倾倒到海洋综合管理的基本制度。

今天,北极航线利益纠纷错综复杂,同时也存在利益趋同的。

虽然开辟北极航线能够获得巨大的商业利益，但是对于极地生态环境和海洋环境的保护是各个国家的共识。在不侵犯北极海洋环境的前提下对北极航线进行开发和管理，构筑完善的生态系统综合管理体系，是北极航线开发和运营的基本要求。保护北极航线海洋环境不受破坏，能够最大限度地维护人类的利益不受侵害，防范和控制生态破坏，是北极航线管理和发展要解决的重要问题。不仅北极附近的国家应当提高对于北极生态环境的保护意识，国际社会也应该完善并创立新的国际法规则以保护人类在北极地区的共同利益。

随着全球变暖加剧，北极将要成为下一个经济战的主要阵地，伦敦政治经济学院的学者韦德在英国《金融时报》上发表了一篇题为《北极变暖需要航运规则》的文章中说，各个国家需要提出一系列的规定和要求，以保护北极航道极地地区的生态环境和北极航道的海洋环境。对北极海洋环境保护问题进行探讨并提出专门规定，是进一步发展国际海洋环境保护立法的需要。总而言之，北极现行的国际法律法规需要根据北极地区海域的特殊性采取适宜的协定形式，以满足不同地区所存在的差异性。

三 中国政策倡议

中国致力于根据国际法保护北极的生态系统、自然环境和生物资源，积极参与解决北极气候变化和环境问题。

1. 保护环境

中国始终把解决全球环境问题放在首位，我们应该认真履行相关国际条约规定的义务，承担保护环境的责任。中国在尊重北极国家相关法律法规的基础之上积极参与北极环境管理，加强对环境影响的研究和对北极活动的环境检查。海洋环境是北极环境保护的一个关键领域。中国支持北极沿海国家根据国际条约减少北极水域陆源污染物排放，致力于提高公民和企业的环境责任意识，与其他国家一道加强对海洋倾倒、船舶排放和空气污染等海洋污染源的管理和控制，有效保护北极海洋环境。

2. 保护生态

北极是世界上野生动物濒危物种最重要的地区之一。中国高度重视北极的生物多样性保护和可持续发展的实现，科学评估全球变化和人类活动对北极生态系统的影响，加强对北极候鸟及其栖息地的保护，开展北极候鸟迁徙模式研究，提高北极生态系统的复原力和自我复原力，促进北极物种保护的国际合作。

3. 应对气候变化

对北极气候变化的反应是全球气候管理工作的重要组成部分，中国传统上非常重视气候变化问题。中国在实现《巴黎协定》方面发挥了重要作用，实施了一系列针对气候变化的应对措施。中国的减排措施对北极的气候和环境产生了积极的影响，中国致力于研究北极的物质和能源代谢过程和机制，评估北极与全球气候变化的相互作用，预测未来气候变化对北极自然资源和环境的潜在风险，推动北极冰层科学，加强气候变化宣传教育，提高公众对气候变化的认识，促进国际合作打击北极气候变化。

第三节 法律与人文交流合作制度

一 合作现状

总结现有法律资料，有关北极地区的海洋法主要集中在以下三个问题：航行权、科学考察研究、环境保护。具体来说，北极地区海域、生态污染防治和资源保护都属于北极环境保护的覆盖范畴。另外，现有法律还涉及船舶航行相关的法律、法规。可以看出，虽然目前北极航线的法律并非完全空白；但是这些法律条约都比较松散，有些只是针对某一具体问题，它往往是软硬兼施的法律，由主权国家主导，缺乏一个统一和全面的法律体系，所以北极航线的现行法律体系缺乏可操作性与实用性，目前处理北极航线相关问题的主要国际法律依据仍是《联合国海洋法公约》（以下简称《公约》),其中,对国家的海上领域划分、海洋资源、海洋环境保护、海上航行等问题进行了规定,为各国的海洋权益争夺提供了法律依据。但是,《公约》在北极地区的应用上存在不完善的地方,在处理航线相关水域的归属权及海域划分时,有关条款用词模棱两可,并不能够作为北极地区的基本海洋大法。《公约》明确规定,船只是否有权在其他国家享有"专属经济区",但并没有解决"西北水道"的航行权问题。关于"西北航线"的主权之争,加拿大一直主张为其内水的一部分;但是其他国家尤其是美国,认为该航线是一条国际海峡,为全世界共同享有。

北极地区现行适用的法律规范,除了《公约》外,《斯瓦尔巴条约》(又称《斯匹次卑尔根群岛条约》)《领海与毗连区公约》《八国条约》《北极环境保护战略》《伊鲁利萨特宣言》也都发挥着一定的作用。尽管北极地区存在法律制度,但是过于分散的条约使主题事项、适用范围产生偏差、条约规定的权利和义务,因此,条约可能相互抵触或与海洋法的其他规定相抵触。例如,《斯瓦尔巴条约》同《公约》之间在大陆架划分问题上就存在冲突。[①] 不同条约之间差异性的解决方式在国际法文件中没有明确的规定,北极需要一个地区性共同条约,化解现存法律条约间的冲突与矛盾。[②]

北极航线开发利用。极地航线包括沿西伯利亚海岸的东北路线和加拿大海岸的西北路线。加拿大一直声称"西北航线"是内河和领海航线的结合,而俄罗斯声称东北航线是其内水。然而,美国则认为西北航线和东北航线为国际海峡,世界各国的船舶均可自由通行。欧盟、日本、瑞典等国反对俄罗斯对于东北航线的控制和单方管辖,大力支持将东北航线作为国际公共海峡使用。北极航线不同的法律地位影响北极通航的船舶航行权利,如果北极航线属于沿

[①] 刘惠荣、杨凡:《国际法视野下的北极环境法律问题研究》,《中国海洋大学学报》(社会科学版) 2009 年第 5 期。

[②] 阎铁毅:《北极航道所涉及的现行法律体系及完善趋势》,《学术论坛》2011 年第 2 期。

岸国的内水，则沿岸国可基于主权管辖权对该海域通过的船舶进行限制与管理；对于国际海峡而言，船舶享有过境通行权和自由权。

在国际法中，有两个标准即地理标准和功能标准来判断该水域是否为国际海峡。地理标准要求海峡的至少一端与公海相连，或专属经济区功能标准要求航线经常用于国际航行。在地理标准方面，北极航线的西北航线和东北航线均由多条海峡连接而成，与北冰洋公海或专属经济区相连，满足国际海峡的地理标准。[①] 在功能标准方面，北极航线虽然通航条件恶劣，但是航海学家一直没有放弃对它的探索，加之北极航线地理位置与气候环境特殊，考察其功能标准时，不仅要考虑航线现行利用状况，还要考虑未来确定性的发展趋势，考虑将来的使用状况。随着全球气候变暖，北极航线将会越来越多地用于国际航行，船舶航行量增长，逐渐成为连通大西洋与太平洋的主要通道，而且运输能力也将会超出传统的航线。

目前，规范北极航线航行的法律主要有公约、国际海事公约和沿海国法律。《公约》建立了调控世界海洋秩序的全面而公平的法律制度规范，规定了不同水域的海上航行权和国际海峡的航行制度，明确了沿海国和港口监督国的权利和义务，通用性海上航行法律标准规定，北极航线通航的一般性问题都可以在《公约》下找到相应的解决框架。然而，《公约》的规定是全面的，具体制度的实施需要与国际海事公约和沿海国制定的法律法规相协调。国际海事公约为北极通航的海事问题做了统一规范，包括技术性规范与法律性规范，其中法律性规范在北极航线通航上适用性较好；但是，多数的技术规范由于北极地区特殊的航线环境与气候特征，客观应用上具有一定障碍，不适用于北极航线，还需要继续完善和调整。另外，沿岸国法律一般基于本国利益而设立，在北极航线通航的法律

[①] 施明浩：《北极航道法律地位问题研究》，硕士学位论文，华东政法大学，2011年。

第四章
合作制度体系建构

地位和航道主权利益方面，与国际海峡制度有冲突，需要协调一致。可以看出，北极航线的东北和西北航线符合国际海峡的评估标准，具有国际海峡的法律地位。

北极事务属于多边国际条约共同协定制约，它由《斯瓦尔巴条约》《联合国海洋法公约》《联合国宪章》等国际条约和一般国际法予以规范，为北极域外国家和北极境内的国家参与北极事务规定了权利和义务的基本范围。在北极问题的讨论中常常出现这样一个话题：缺少必要的国际法基础来解决未来的矛盾和利益冲突。北极地区的部分陆地和海域仍没有明确的管辖权，有时还被看作"无主之地"。因此，类似的法律空白或是必要法律基础的缺失会引发领土争议和摩擦，这"可能会使北极变成一个各国利益冲突的危险地区"。于是，欧洲议会在2008年10月9日的决议中表示，赞成按照1959年《南极条约》的形式尝试制定北极的法律制度。但是，属于世界上最发达国家的五个北极国家一致反对。它们承认以1982年《联合国海洋法公约》为基础的法律制度，并解释论证了自己的观点，除美国之外的所有北极国家都签署了这一公约。美国的高层代表声明，尽管美国没有批准《联合国海洋法公约》，但仍将遵守该公约的规则。

北极国家领导层多次强调，北极各国将遵守关于北极的国际法规则，而它们的所有诉求都应在《联合国海洋法公约》的基础上通过已有的机制和机构进行审查。2008年5月在格陵兰举办的北极理事会会议上，加拿大、挪威、俄罗斯、丹麦和美国五个国家的外交部长在《伊鲁利萨特宣言》中达成共识，一致通过当前主要的问题不在于国际法律准则的缺失，而是这些准则没有得到充分落实。国际媒体认为此次会议取得了两个成果：一是俄罗斯不准备违反联合国法律程序；二是美国遵守《联合国海洋法公约》内的规则，但是不予签署。

如果说，过去随着超级大国兴趣的提升，旨在扩大北极沿岸国家管辖权的新国际海洋法得以发展，那么现在在开发北极资源方面为建立国际机构和调节制度而大力扩展超国家、超地区、弱化国家主权的因素就应引起一定的警觉了。

1982年《联合国海洋法公约》对解决未来争端而不是对过去的条约和协议具有意义。该公约无法解决诸如斯瓦尔巴群岛的争议等由1920年《斯瓦尔巴条约》产生的问题。[①] 尽管国际法庭实施对该公约的法律保障,对条款进行具体解释,在不同情况下进行划界谈判,但其采取的决议并不总是完全清晰的。

在加拿大与苏联的文件中所形成的有关北极地区沿岸国家在其所属北极空间的特殊权力和利益的原则可以称作所谓的扇形理论。某些北极地区的国家在实践中运用这一理论。加拿大也遵守这一理论,并在不同时期都推动该理论成为提出利用北极地区海域要求的国际法基础。扇形划分北极地区的方法在其实现过程中没有引起非北极地区沿岸国家的反对。这一事实上的承认一直持续到随着科技发展允许各国实际勘探开发北极地区的自然资源。

美国首先反对用扇形原则分割北极地区。美国认为,北极地区海域(除12海里领海外)只适用规范公海的法规,美国还经常向加拿大施加压力以改变其在扇形领地的方式,同时避免美国在加拿大所属北极地区扇形区内沿用加拿大的法律。俄罗斯解决这些争论时赞成使用扇形原则,扇形划分北极地区的目的在于个别沿北极地区国家(其中包括俄罗斯)将其区域内的地理气候特点排除在所有国际海洋法规则的法律效力之外,使之成为本国所特有的部分,但这一规则在1982年的《联合国海洋法公约》中找不到相关根据作为支持。该公约划定范围为12海里内的领海,沿海国家对其领空、洋底和地下资源几乎没有控制权,200海里绝对经济区享有主权。不在任何法律管辖权内的洋底及地下资源宣布为人类共有,即世界上所有国家都有同等的权利开发其自然资源,任何一个国家都有权

[①] 涉及如何解释《斯瓦尔巴条约》的地位,如何计算沿岸区、捕鱼区、自然保护区和经济区,如何确定大陆架边界和制度等方面的争议。

利向联合国或其他专门设立的国际机构申请开发洋底的深海资源。

目前,与北极航行有关的国际法律文书包括《国际海上人命安全公约》《海员培训、发证和值班标准国际公约马尼拉修正案》《极地船只分类统一要求》《极地水域航行指南》以及经1978年《防止船舶污染国际公约》议定书修正的《2016年STCW公约》。有关北极航线的区域协定和政策包括北极理事会牵头的国际协定和政策、北极空中和海上搜救协定以及北极海洋石油污染防治合作协定。

"冰上丝绸之路"区域合作的一个重要的问题是与图们江和日本海相关的国际法问题。日本海是中国推进"冰上丝绸之路"的重要方向,是中国进入"冰上丝绸之路"的重要通道。同时,日本海不仅是中国"冰上丝绸之路"建设中区域安全保障的重要着力区,还是东北亚国家开展区域合作的关键区。推进日本海及其周边地区的合作,对于"冰上丝绸之路"的建设具有重要意义。日本海与俄罗斯、韩国、朝鲜和日本接壤。倘若中国船只从图们江进入日本海域并且在日本海域内航行,以及穿过日韩之间的海峡、日本的海峡和水道北上或南下,还涉及俄朝韩日的领海制度、航行制度、相关海峡的通行制度,以及俄罗斯和朝鲜、朝鲜和日本的分界线。俄罗斯、日本和韩国都批准了《联合国海洋法公约》,朝鲜也同一时间签署了《联合国海洋法公约》,但是却没有得到批准和允许。

俄日韩制定了领海法,均实行12海里的领海宽度(特定海域除外)。俄日韩的领海基线都是混合基线,俄罗斯的领海基线是沿海岸的低潮线和直线基线,日韩兼采用正常基线和直线基线。朝鲜并未公布领海法,也未正式公布领海基线,俄日韩三国均承认军舰在领海的无害通过权。俄罗斯允许外国军舰在俄领海无害通过,但禁止3艘以上外国军舰和来自同一国家的外国政府船只同时通过俄罗斯领海。外国核动力船舶、军舰、其他政府船舶和运载核能或其他危险有毒物质或材料的船舶,在经过俄罗斯领海时,必须具备必要的工具,遵守有关此类船舶特殊警戒措施的国际公约,在领海的特定航道行驶,服从为其特别制定的航道分区安排。朝鲜承认外国船只的无害通过，军舰和船只通过领海目的为非商业性质的，需要通报审批。一般而言，外国军舰和其他非商业性政府船只在至少3天前（包括公众假期）通过韩国领海将有关事项通知外交部长，但用于国际航行的海峡除外。如果外国船舶在韩国领海内拟从事韩国领海法特别列出的某些活动，需要提出申请并获得授权、批准或同意。日本领海法中没有关于无害通过的条款，但实践中，日本承认外国军事船舶的无害通过权。朝鲜没有颁布领海法无从确定其对于外国军事船舶无害通过领海的立场，不同寻常的是，朝鲜在1977年的朝鲜人民军声明中，设置了军事警戒线。禁止外国人、军用飞机和军用舰船在军事警戒区内进行一切活动。渔船以外的民用船只和飞机，经有关各方事先同意或批准，方可在军事警戒区内航行或飞越，但不得进行具有军事目的的行动或侵犯经济利益的活动。1990年9月3日签署的《苏朝国家边界协定》，明确了两国领海的界限：起点是图们江入海口主航道的中点，全长12海里。

1986年1月22日签署的《经济区和大陆架划界协定》划定了朝俄之间的经济区和日本海大陆架。边界由两部分组成：第一部分从领海分界线的末端延伸到日本海，以俄罗斯作为出发点，以南北朝鲜作为链接和依托；第二部分延伸到俄罗斯，韩国和日本海岸的等距点。1974年1月30日，日本和韩国确认了它们在韩国的大陆架，通过在邻国间签署划定北部大陆架边界的协议。然而，日本海的大部分重叠区域尚未划定。日俄尚未签署和平友好条约，原因是两国在被称为"北方四岛"的南千岛群岛主权上存在严重分歧，在宗谷海峡及日本海的海域划界问题更未提上日程。韩、朝、俄三国皆位于日本海西侧，出于韩、朝、俄日的地理位置、海岸特征及日本海的范围等因素，韩、俄之间应无海洋划界问题。除俄、朝、韩、日的领海外，日本海属于有关国家的专属经济区和公海领域，可以根据《公约》的相关规定行使航行和飞越自由权。

二　主要关注点

北极航线问题的国际法律、法规体系构建。现有的法律体制并

第四章
合作制度体系建构

不能解决当前北极地区的国际问题，北极航线的通航又会带来新的问题，并对法律环境提出了新的要求。北极航线争端是一个涉及资源开发、主权、环境保护和管辖权的复杂问题。当前，迫切需要建立一个解决北极航线相关问题的北极地区法律体制，拟定相关的法律条约来约束、规定、协调各个国家在北极的权益与行动，为北极通航提供条件与保障，保障北极地区环境和资源的开发利用以及航行安全稳定发展，合理利用北极资源。北极航线法律法规的建立要从北极特殊的地理环境和特殊的政治、经济地位出发，考虑北极地区的历史与现实发展，对通航区域的法律地位、环境保护、非军事化等方面做出专门规定，同时明确北极区域的科学考察、资源开发等详细法律制度，建立科学、合理的法律环境。

北极航线问题的国际法律秩序的构建大体分为三步。第一步，在联合国和国际社会的共同支持下，订立一个适宜解决北极问题的共同法律条约，对北极问题进行总体定位与规划，冻结相关争议实现北极非军事化。第二步，针对北极航线建立北极航线海域合理通行权的特别条约，保障船舶在航线水域合理安全航行的权利。第三步，在北极航线问题协调组织有关工作的基础上制定专门适用于北极海域航行的法律条例，明确北极地区通航所涉及的海上搜救、航行安全、海洋环境保护等。

建立北极地区共同性条约。诸多学者提出参照《南极条约》建立一个北极条约，北极地区的许多问题与当年南极有共通之处，两极在地理位置、领土争议和环境资源等方面存在诸多相似，所以《南极条约》体系对北极也会产生积极有益的影响。正如美国在北极政策指令中所说"北极在地理上和政治上，与南极截然不同"，在南极条约的基础上建立北极条约的想法是不现实的。因此，对《南极条约》的借鉴，不能参照其内容来建立北极地区的共同条约，而应参照其多边解决问题的模式，参考其结构，根据北极的具体情况，切实分析存在的问题，针对北极存在的争议，构建出适宜北极特殊地位的国际性共同法律条约。

建立北极地区共同性条约涉及以下几个重要方面的内容。①明确北极地区专用于和平的目的，北极地区为全世界人民的共同财富，全世界人民对北极享有平等的权利。北极地区作为战略要地，尤其是美、俄两国已在北极地区进行了较大的军事力量部署。目前在北极地区有许多军事基地，许多国家的核潜艇都在北极冰盖下作战。然而，只有北极地区的非军事化才能保证北极地区的和平发展和利用。北极航线的通航也至少需要航线覆盖地区的非军事化，才能保障通航安全与未来的商业化通航。②《公约》承认北极内陆水域、领海、专属经济区和大陆架的边界，以及200海里以外一些备受争议和共同开发的外部大陆架。在北极条约中，如果在三年内，各国找不到相应证明外大陆架归属的证据，则在一定的期限内冻结所有环北极国对200海里外大陆架的主张，暂缓争议，以北极地区和平发展为重的同时，把按照《联合国海洋法公约》划分的存在争议地区的法律地位特殊化，暂时搁置问题或者在北极条约中建立相关法律条约进行规定，避免各国为争夺北极利益而对北极进行不合理的科学考察与开发，避免各种冲突的升温，保证北极地区的和平。③北极条约解决争议的条款不应与现有的国际重要法律公约冲突，对《公约》中清晰、明确限定的问题要予以承认，对《公约》中言语模糊的地方与存在争议的表述应根据北极地区的具体情况进行规定。同时，北极条约还应在现行法律体系中纳入航行和环境保护条款。这些条款是对北极问题的完善，更适合解决具有特殊性的北极问题，并且应制定一个协商谈判条款，解决北极条约涉及的法律敏感问题，使之更好地包含、融合、协调现有法律，更好地解决北极地区的相关问题，化解争端，实现北极地区和平利用与发展。

在具体实施的过程中，北极条约应与北极现有的法律条约相协调，尤其是当法律条约间存在不同限定的情形时，对于《公约》没有明确限定或者存在争议的问题，应按照"北极条约"的条例进行解决。在海域划界方面，各国应适用《公约》，明确其在200海里大陆架外部界限内的有关权利，在200海里大陆架外部界限以外的北极中部地区,从全人类的角度看,解决办法应以北极条约为基础。在其他有争议的区域,主要是北极航线相关的区域,需要协商拟定其合理通行权,保障船舶在航道水域的正常航行权利,个别和具体问题可通过制定政府间条约加以解决。

北极航线通航的法律条约。北极航线通航首先面临的就是航线通行权问题,北极航线通航权的特别条约的设立目的是确定北极航线的法律地位,解决航线主权权利与利用权冲突的问题,明确北极沿岸国和其他各国的航行权利与义务,使船舶能够在通航水域上自由航行。

北极航线通行权的问题可参考《斯瓦尔巴条约》的模式,一方面,它承认了挪威对斯瓦尔巴群岛的完全主权;另一方面,它承认了每个缔约国的国民享有平等管理和自由出入的权利。这构成了一个独特的法律制度,解决了该地区原有的冲突,达到共同、和平开发利用群岛的目的。北极航线通航的航行权问题,可以号召北极沿岸国和可能的航线利用国,建立一个关于北极航线合理通行权的特别条约。该条约承认加拿大和俄罗斯对西北航线和北方海航道拥有主权权利但同时赋予北极航线国际海峡的地位,世界各国拥有无害通过权和过境通行权。各个国家就此问题达成一致意见并签订《北极航线通航权特别条约》,遵守条约规定并享受条约赋予的权利。缔约国受条约约束,制定公认的通航规则,在主权国家的管辖下相对自由地使用北极航线。北极航线问题协调中针对航线争端创造的既承认主权归属又使各国能够共同合作、和平利用的法律模式、共同管理具有积极的意义,对未来解决北极地区及其他地区的争端具有重要的借鉴意义。

北极航线开通并确立为国际海峡后,各国船舶享有过境通行权,船舶在北极航线水域内航行要遵照船舶航行法律的规定。适用于北极航行的主要法律为国际海事组织建立的国际海事公约、船舶污染防治,内容涉及海上航行安全、海上搜救等方面。鼓励与北极航线相邻的国家缔结区域双边或多边条约,详细执行海事公约,同时,还应建立适应北极航行具体问题的法律、法规，覆盖航行技术规范、环境保护规则、货物运输协议、灾难救助等，并与国际海事公约相协调，增补其尚未覆盖的北极航线特殊情况，建立"北极冰封水域船舶操作指南"等。

解决北冰洋及其沿岸北极地区海洋的法律制度问题的复杂性在于确定。一方面，从国际法角度而言，它可能被看作公海。另一方面，北极绝大部分是冰层，因而可能被看作与北极地区毗连并分割极地区域大洋的五个国家领土的一种特殊形式，而所有土地和岛屿以及被冰覆盖的、位于极地区域某国家边界上的地表都属于该国领土。这就是为什么沿北极地区国家运用国际法和国内法解决日益加深的使用北极地区空间与资源的国际争论时采取不同的方法。

除了俄罗斯与挪威关于巴伦支海划界问题和斯瓦尔巴群岛问题的争端以外，在北极还有一系列不可调节的双边问题，其中包括俄联邦至今未签署的《俄美关于在楚科奇海和白令海划分专属经济区和大陆架的协定》，俄美双方的分歧在于应当采纳哪一种划分原则，是按照等距原则划分还是按照中位线划分。北极海域大陆架外部边界的确立过程无疑是长期的和艰难的。为了使沿岸国家顺利走出200海里专属经济区内大陆架归属权划分的非常时期，必须从现代国际法的观点出发，解决三个关键问题。第一，面对沿岸各国互有领土要求的复杂情况（如巴伦支海和蒲福海），对邻近水域划界问题研究制定相互可接受的清晰原则。第二，在扩展大陆架的领土要求问题上（如罗蒙诺索夫海岭问题），如果各自取得的科学数据和研究结果发生冲突，应当制定明确的规则。第三，在非北极国家和其他"无主权参与者"在遵守《联合国海洋法公约》和将北极作为全人类共同财产加以保护的前提下，依照法律研究准许它们在北极地区扩大经济活动的问题。

当前，在"冰上丝绸之路"构建中尤其在日本海区域遇到很多困难，主要表现为中国图们江出海问题，日本海区域的国际关系较为复杂，存在沿海国领土主权和海洋划界争端，朝鲜半岛复杂的局势问题和域外势力的干预。中国在日本海的海洋权益受到很大限制，这对于"冰上丝绸之路"建设是非常不利的。

根据国际法规定，中国有沿图们江通海航行，在日本海航行的权利，这些权利并不取决于图们江流经的其他国家、日本海沿岸国的同意与否。仅就航行权而言，中国的权利包括（但不限于）在图们江（包括朝俄界河河段）航行的权利；沿图们江进入日本海的权利；在朝俄领海航行的权利；在俄罗斯领海的无害通过权；根据朝鲜有关法律规定的要求在朝鲜领海无害通过的权利；在日本海有关国家的专属经济区内自由航行的权利；以及在日本海的公海部分行使公海自由的权利等。

无论从历史、地理或是法理的角度，中国都拥有图们江通海航行权，但现实中却无法真正行使该权利。表面原因包括俄朝铁路桥过低，大吨位船舶不能通过；图们江部分河段泥沙淤积，水位过低，不适于通航。有关方面的国内学者也提出过"借港出海"、"租地建港出海"、多方国际合作等建议，但现实中收效不大。联合国UNDP的项目推进亦成效不彰，除了"地理硬结"，中国行使图们江通海航行权既需要朝俄的积极配合，更受到多种地缘政治关系的深刻影响。时而紧张的朝鲜半岛的局势、朝鲜政策的不稳定性和不确定性、东北亚国家之间互信不足、外部力量的制约和影响、朝俄经济活力不足、利益需求不清不强、高层次的国际合作机制缺乏等，是另一种横亘江中的阻碍。

三 中国政策倡议

将图们江区域合作纳入"一带一路"，共同建设图们江地区开发开放的陆上枢纽和海上通道，建设开放型区域经济。通过塑造东北亚经济区的形象，让更多国家和地区参与"一带一路"建设。利用图们江当前条件，在现有机制基础上，增加管理委员会、政府间峰会等高层执行和决策机构。促进图们江区域合作与发展的制度化和规范化，充分利用亚投行和丝路基金，推动图们江区域合作与发展。相机推动成立东北亚区域经济合作国际组织，促进日本海周边国家经济快速发展，维护地区稳定。加强中俄在日本海的双边科学考察，发展中俄日韩乃至朝鲜参加的多国科学考察和研究，我们将逐步扩大中俄韩日等国大学和研究机构之间的文化、学术和人员交流与合作，加强有效交流，积累互信，为深化双边和多边合作奠定坚实舆论基础。中方愿适时推进，正式启动中俄朝三方外交谈判，早日签署图们江三国国际航行协定，促进中国船只通过图们江自由进出日本海权利的正常行使。

在模式选择上，要建立局部性、针对性的法律机制。我们可以借鉴南美洲法律机制的构建路径，基于区域经济一体化（南方共同市场）的共同目标，制定东北亚区域内具体合作领域的法律文件，这是从整体到部分的实施路径。对于东北亚国家而言，也可选择由局部到整体的法律机制构建路径，通过不同领域、部分国家的海洋经济合作推动整个东北亚区域（部分到整体）合作。东北亚六国的政治、法律、经济等发展情况各异，法律机制的构建可从局部做起，部分国家基于其共同利益，开展具有针对性的经济合作，并构建相应的法律机制。如中国与俄罗斯可先完善海陆联运、航道与港口建设的投资法律机制。中国与朝鲜可先确定政治互信与区域安全的相关条约与协定，确保海洋经济合作环境。而中日韩三国应先主导建设次区域海洋经济合作法律机制，三国在共建自贸区的基础上，利用其北极理事会永久观察员国的地位，在船舶物资流通、船舶管理设施海上交易、商业园区建设等方面，推进法律保障机制建设。

在主要体系构成上，要重点解决日本海的国际法问题，包括在日本海的领海划界，日本海的国际海峡管理，无害通过权、中国图们江主权与通航权国际合作，以及投资法律机制合作框架与细则的权利义务确定，港口、航道建设投资中的税务等问题，海事规则、海上反恐、旅游免签及线路相关法律保障多元化，区域争端解决机制、仲裁、调解、诉讼等，都应在国际法范畴内加强谈判，完善制定法律保障机制。

尽快建立东北亚经济合作组织。"大图们倡议"是目前东北亚区域各国都参与的唯一对话合作机制平台，前两年要谋划转型升级为"东北亚经济合作组织"，这非常有利于东北亚经济合作的开展。随着中日韩自由贸易区谈判的恢复和加速，以及新时期中俄全面战略合作伙伴关系的进一步加强，东北亚区域经济合作组织的建立正迎来历史性机遇。积极开展法律服务。包括国际贸易和投资、涉外保险领域涉外金融领域、国际争端解决。在合作中要避开政治敏感点。随着"一带一路"倡议不断地落实和推进，加强同周边国家特别是发展中国家的合作，开展海洋经济合作及相关法律机制的构建，需顾及这些国家在相关海域的主权，消弭其对"冰上丝绸之路"的抵触，赢得稳定的国际环境。

中国主张建立和完善北极治理机制，坚持依法规范、管理和监督中国公民、法人或其他组织在北极的活动，努力确保这些活动符合国际法，尊重有关国家的环境保护政策，保护和可持续利用资源的国内法将有效地加强中国在北极的外交事务和政策的协调。在此基础上，中国积极参与北极国际管理工作，坚持《联合国宪章》和《联合国海洋法公约》，支持北极地区的国际发展前途，为北极地区的发展发挥出建设性作用，保护北极国家和国际社会的共同利益。

中国主张稳步推进北极地区的国际合作。在联合"一带一路"框架下加强北极国际合作，坚持"三个部分"原则，以"五个直接"通道为主要内容的务实合作为重点，包括加强与北极国家发展战略的对接，积极推动联合建设经由北极海洋连接欧洲的蓝色经济走廊，积极推进北极数字互联互通，逐步建设国际基础设施网络。

第四节　北极国际安全保障制度

一　合作现状

从北极安全治理趋势来看，自第二次世界大战一直到20世纪80年代，传统"硬"安全手段在北极政治中占支配地位；此后，具

◇"冰上丝绸之路"合作制度设计

有国际制度建立和运作这一典型特点的"软"安全或非传统安全措施开始引人注目,它们针对的主要不是军事威胁,而是如何降低军事威胁,以及解决共同关心的问题。①

北极非传统安全问题及其应对已经成为北极安全治理的重要内容,从生态环境、气候、冰川与生物安全等北极自然与自身安全问题,到科学考察、航道开通、资源利用等北极人类活动安全范畴,以及更加具体的北极科考人员、资产安全等,多种多样的北极安全问题相互关联交织并形成地区性乃至全球性安全影响。②

在探讨北极安全态势问题上,相关学者根据地区安全复合体理论对北极安全复合体进行了分析,认为未来将要出现的北极安全复合体主要包括两个实力强大且相互对抗的"极",即美欧与俄罗斯,这一北极安全复合体有可能继续保持冲突态势,也有可能向安全机制演变,关键在于围绕北极问题而产生的一系列原则、规范等能否得以完善。③

北极治理的规范构建,是政治理念转化为政治制度的过程,不同理念指导下构建的国际规范,必然对国家行为产生不同的影响。当前北极治理的规范构建,本质上是不同政治理念之间争夺合法性和有效性的过程。北极现有三种治理理念:地缘政治理念、区域治理理念、全球治理理念。以"地理决定国家行为"的地缘政治学,强调国家利益和国家实力,忽视他国利益和全球化时代的国家间相互依赖,主张北极各国"自扫门前雪",对域外国家的合理北极利益诉求采取敌视和抵制的态度。落实到规范设置实践,则表现为北冰洋沿岸国家分割北极的扇形原则。区域治理理念的核心是"域内协调",即实现以北极理事会为平台的域内国家联合治理。在这种

---

① 王传兴:《北极安全治理与全球合作——访挪威南森研究所研究教授奥拉夫·施拉姆·斯托克》,《中国社会科学报》2013年3月13日。
② 云宇龙:《国际社会理论视角下的北极安全治理与中国参与》,《领导科学论坛》2017年第9期。
③ 张新平、胡楠:《安全复合体理论视域下的北极安全分析》,《世界经济与政治》2013年第9期。

第四章
合作制度体系建构

理念指导下的规范构建,以维护北极八国的既得利益为目标,实现"北极国家治理北极",严格限制域外国家在北极理事会中的影响力与话语权。然而,即使是在北极理事会内部,北冰洋沿岸五国提倡更小范围内的区域治理合作,极力将芬兰、冰岛、瑞典排除在规范设置议程之外。全球治理理念的核心是"全球共管北极事务"。虽然全球治理理念认为北极事务具有全球效应,北极治理应该是全球治理的一部分,因此域外国家有权知晓并参与北极治理的过程,北极国家也不能以主权安全为由私自管理北极事务。全球治理理念试图将北极视同于人类共同财产,主张构建具有强制约束力的《北极条约》来管理北极。全球治理理念的坚定践行者是一些国际环保组织,它们将北极视为全球公域并要求北极国家限制主权、出让既得利益的倡议,无疑会引起北极国家的反感和反对,在实践过程中很难取得成效。

由此可见,上述三种治理理念及其规范塑造虽然能够产生相应的治理成效,但始终无法解决北极域内外国家之间的利益诉求冲突,更无法调和北极环境保护与北极资源分配之间的矛盾。

2008年9月17日,俄罗斯总统梅德韦杰夫表示:"毫不夸张地说,这一地区对中国具有战略意义。其发展直接关系到国家长期目标的完成。"[1] 德米特里·梅德韦杰夫还授权就俄罗斯的北极南部边界颁布了一项新的联邦法律,在苏联时代和后苏联时代,北极南部边界尚未确定。不论是北极地区的资源还是俄联邦跨北极运输通道(包括俄罗斯"北方海路"),都需要这条边界和其他标准得到法律确定。

早在2006年前夕,俄罗斯自然资源部就出台了探索开发俄罗斯大陆架石油天然气潜力的统一国家战略。根据该战略,北冰洋大陆架上的石油天然气产地的发展成为2020年前的优先项目之一。2008年制定了《2020年前后俄联邦北极地区国家政策基础》,该文件直

---

[1] Marzia Scopelliti, Elena Conde Pérez, "Defining Security in a Changing Arctic: Helping to Prevent an Arctic Security Dilemma", *Polar Record*, 2016, 52 (267): 677.

至2009年才公布。文件由梅德韦杰夫总统签署。根据这份文件，俄罗斯决定在北极地区建立一个独立的军事基地，用来维护北冰洋上俄罗斯所属部分在不同军事政治形势下的安全。该战略还指出，到2020年，该地区将成为俄罗斯主导的战略资源基地。

2009年5月12日，俄罗斯总统梅德韦杰夫批准了《2020年前俄罗斯国家安全战略》，其中指出：石油和天然气引发的一场激烈战争，其战场极有可能发生在北极，特别是在巴伦支海和其他海域。该战略指出："在竞争中，不排除使用武力作为解决可能出现的问题的手段。在俄罗斯及其盟友边界附近建立起来的平衡可能会被打破。"

北冰洋沿岸五国于2008年5月在格陵兰伊卢利萨特召开了第一次部长级会议，期间发表声明称，北冰洋所有可能产生的重叠争议都将有足够的国际法，1982年的《联合国海洋法公约》，通过谈判和文明解决。与会各国将遵守这些北极"现代史"上的第一批协议。所有的北极国家（甚至包括尚未批准上述公约的美国）都在准备根据公约第76条和委员会规章提出扩展北冰洋大陆架界线的申请。这意味着，各方都需要在科学上证明北冰洋海底高地是大陆向海洋的地理延伸，并且如果将来出现连委员会也辨认不出的交叉地区，那么就需要大家相互进行约定了。从这个意义上说，大陆架界线问题是拉近而非疏远北极各国的因素。

二 主要关注点

从长远来看，北极地区的安全与稳定直接取决于西方国家与俄联邦之间双边与多边关系的水平。西方国家在多大程度上考虑到莫斯科在北极的利益、忧虑和合理意图，就能在多大程度上保障正常合作关系，相互关系也能在总体上得到正面发展。但是，坚持在北极开展地缘政治竞赛可能会对北极地区合作产生极为不利的影响，并激化该地区的矛盾。这里仍然存在发生武力冲突的风险。美国空军和北约联合部队在俄联邦北极地区和边境地带定期组织军事演习，并持续开展侦察行动。与此同时，各个北极国家都有着自己不愿放弃的首要任务、目的和意图。中国将加强保护北极和平与稳定、保护北极人民和财产安全、海上贸易、海上行动和北极运输安全的体制设计。中国支持有关各方根据《联合国海洋法公约》《联合国宪章》等国际条约和一般国际法，通过和平手段解决北极领土和海洋权益争端，支持有关各方维护北极安全与稳定的努力。尽管《联合国海洋法公约》和《斯瓦尔巴条约》确立了北极国际法的基本框架，但在执行过程中仍存在一些争议，使北极部分海域的法律地位不确定。

重点解决日本海的国际法问题，包括在日本海的领海划界，日本海的国际海峡管理，无害通过权、中国图们江主权与通航权国际合作，以及投资法律机制合作框架与细则的权利义务确定上，港口、航道建设投资中的税务等问题，海事规则制定海上反恐、旅游免签及线路相关法律保障多元化，区域性的争端解决机制，调解、仲裁、诉讼相互衔接等方面，都应在国际法范畴内加强谈判，完善制定法律保障机制。建立健全的安全机制，保护北极地区的土地、人民、重要目标和基础设施免受自然或技术（人为）紧急情况的威胁。重点突破船舶安全运行和船员培训、北极航运安全预警系统建设、海上生命安全保障、救助船舶避难区建设、北极航道疏浚等。

三　中国政策倡议

1. 促进北极的和平与稳定

北极的和平与稳定是各国开展各种北极活动的重要保障，符合包括中国在内的世界各国的根本利益。中国倡导和平利用北极，致力于维护和促进北极和平稳定，保护北极人民和财产安全，保障海上贸易、海上作业和运输安全。中国支持有关各方根据《联合国宪章》《联合国海洋法公约》等国际条约和一般国际法，和平解决关于北冰洋领土和海洋权益的争论，支持有关各方维持北极安全稳定的努力。关于北极地区各国军事潜力和计划的分析表明，北极地区不应该成为各国军事冲突的舞台，不应该成为军备竞赛的舞台。所有相关各方一致认为，地区各国有能力克服彼此之间的分歧，并保证在该地区进行密切的、有建设性的合作。当前北极地区安全领域面临的挑战主要来自该地区气候变化，因此，在很大程度上具有非军事性质。北极地区国家间充分而全面的合作，是解决这些新挑战和新威胁的前提。

2. 中国建设性参与北极治理规范构建的身份定位

中国参与北极治理的合法性源于涉及北极事务的国际法及相关公约条约，合理性源于中国作为世界上最大的发展中国家和世界第二大经济体理应具有涵盖南北极在内的全球性安全战略关切和利益诉求，可实现性则源于对北极国家正当权益的认可以及对当前北极治理机制的尊重。[①]

3. 中国需要以合理的身份参与北极治理

长期以来，北极国家始终塑造"北极是北极国家的北极"这一门罗主义式的话语逻辑，这就逐渐形成了"北极国家"与"非北极国家"的二元对立。在地缘政治仍然发挥重要影响的今天，北极国家刻意划设的身份鸿沟，导致中国等域外国家在争取合理的北极利益诉求时，时常面临身份歧视。坦言之，中国唯有构建既符合中国利益，又不偏离国际道义的身份标识，方能跳出北极国家预设的话语陷阱。总之，坚持以"北极事务的重要利益关系方""北极国家的邻居"以塑造中国的北极身份，有助于促进中国参与北极治理的深度与广度，实现国家利益与全球责任的平衡。

4. 保护北极是中国参与北极的中期目标

保护北极的目的是积极应对北极气候变化的全球影响，保护北极的生态和自然环境，提升北极对全球气候变化的适应力。中国参与保护北极的目标，一是以《联合国气候变化框架公约》的基本原则为导向，切实履行中国在《巴黎气候协定》中的减排承诺，以实际行动延缓和阻止北极生态环境的持续恶化。二是保护北极原住民

---

① 云宇龙：《国际社会理论视角下的北极安全治理与中国参与》，《领导科学论坛》2017年第9期。

的文化多样性。从区域和全球的视角,提高对北极地区人类社会—自然环境互动影响的认知深度,研究北极原住民政治地位的提升对全球文化多样化发展的贡献力。三是保护北极动植物资源。对北极迁徙性哺乳动物进行持续的保护是中国参与北极发展的长期目标。积极推动北极地区的可持续发展,是中国参与北极事务的重要使命与长远目标。发展北极的内涵有三:一是依照国际法合理参与北极经济发展,重点领域包括北极航运、矿产与油气资源开发、渔业资源和旅游资源开发等。二是通过与其他国际行为体进行平等协商,共同推动北极的可持续发展。三是推动北极治理的有序发展,在联合国框架下与有关各方围绕北极治理的规范构建进行协商与合作,营造健康的北极治理国际环境。

根据《联合国宪章》的基本原则,中国与其他北极利益攸关方合作,维持一个共生的北极秩序,是中国"建设性参与"北极治理规范构建的核心理念。"中国—北极命运共同体"的提出是源于"人类命运共同体"理念与北极治理相结合的实践需要,向其他北极利益攸关方提供了合作共赢的"中国方案"。

"中国—北极命运共同体"对北极治理规范设置的指导价值,体现在以下三个方面:一是提出北极治理新型权力观,体现了国际社会的共同价值。"中国—北极命运共同体"理念认识到北极秩序是共生型而非独存型的秩序,是域内外国家相互依赖关系的进一步深化。因此,提倡北极域内外国家应相互尊重彼此的合理关切,各国应超越地缘政治理念所倡导的"以武压服"权力观,通过既有国际组织和规范安排来构建"共克时艰"的新型权力观,维护彼此之间的共生共存的合作关系。二是提出北极治理的新型利益观,奠定北极治理的共同伦理基础。国际社会之所以对北极地区国际组织建章立制的理念存在分歧,是因为难以处理国家私利与国际公利之间的矛盾,导致北极治理缺乏核心价值取向。"中国—北极命运共同体"理念承认北极利益攸关方存在利益诉求的多元化和差异化,但认为它们之间的利益关系具有共同性和非零和性。中国与其他在北极地区拥有利益诉求的国际行为体一样，都是北极利益链的组成部分，彼此之间的利益交融形成了共同的利益关切，并塑造出同为北极利益攸关方的共有身份。在这种身份认知下，建设和平稳定的北极就是承载各国共同北极利益的基石，各国必然采取有利于北极总体发展的举措来妥善处理利益分歧，在保障自身利益的同时协调好对于生态环境的保护，从而奠定北极治理的共同伦理基础。三是提出北极治理的新型责任观，奠定北极治理的共同义务基础。责权是有机统一体，如果参与北极事务只讲权益不讲责任，那么北极治理的成效必将大打折扣。北极治理需要北极域内外国家的共同参与。在保护北极、发展北极的国际合作过程中，有关各方存在不同侧重的利益考量，出现集体协作不一致的情况。这就需要各国求同存异，合理化解可能的威胁，共同承担北极治理的责任。当然，共同责任不是平摊责任，而是各国根据参与北极事务的深度与广度的不同，承担相应的责任。"中国—北极命运共同体"的中国责任，就是承担力所能及的碳减排和北极环保义务，做到言必出，行必果。

总而言之，北极地区的政治经济发展，为中国带来了宝贵的发展机遇。然而，无论是北极国家还是非北极国家，都无力独自承担北极治理所需的国际公共产品的成本，为了规避"金德尔伯格陷阱"，中国提出了多国共同开发建设"冰上丝绸之路"的提议，做出自主减排承诺，为北极社会发展与人民生活提供了强大动力与美好愿景，这是中国所要承担的国际责任和大国担当，要求中国在力所能及的范围内提出建设性举措，有助于增强中国与北极国家的互利共赢。

第五节 北极治理与跨区域合作制度

一 合作现状

极地地区海陆兼备，其特殊的地理位置和独特的气候环境决定了北极的环境保护、物流运输、资源开发、气候变化等方面能够产生不可忽视的影响。因此,北极治理绝非北极国家的"专属事务",而是超越了地理边界,具有跨区域的联动意义。

2010年,中美建立了海洋法和极地事务年度的对话机制。2013年以来,中国和俄罗斯在北极问题上进行了会谈。中国十分重视与北极地区以外的国家的合作,与英法两国就海洋法和极地事务进行了双边对话。2016年,中、日、韩三国进行了北极事务高级别对话,推进了三国在加强国际合作、开展科学研究、探索北极商业合作等领域的政策、做法和经验交流。

挪威与俄罗斯之间关于划定巴伦支海与北冰洋之间海洋空间的合作条约就是一个很好的例子,它是40年谈判的结果,不仅具有双边意义,还有地区意义,为北极问题的文明解决树立了一个积极榜样,是北极地区加强互信与合作的出发点。

二 主要关注点

政治上,各国应在平等、相互协商、相互理解的基础上建立良好的伙伴关系。因为只有各国结成同舟共济、休戚与共的伙伴关系,才能共同应对全球化时代的诸多困难和挑战。

在安全方面,各国应不断争取共同安全。当今世界,传统安全与非传统安全相互交织,国家安全与国际安全息息相关,很少有国家能够凭一己之力实现绝对安全,这使国际安全合作的必要性更为紧急。亚洲共同、合作、全面、可持续安全保障的新概念,成为国际安全保障合作的重要指南,有助于为构建人类命运共同体奠定安全保障基础。

在经济方面,要积极推进共同发展、合作共赢。人类命运共同体的理念把创新看作发展的根本源泉,重视科学技术生产力发展和促进国家间的科学技术合作。与此同时,没有国家间的经贸合作,就不可能实现经济发展。各国应该提倡公平、创新、开放、包容、互利的发展模式。

在文化方面,各国要坚持相互尊重、开放和包容。世界上的一切都是不同的、五彩缤纷的。所有文明都有自己的历史遗产和地域特征。要相互尊重、减少对抗、加强交流、互相学习。这是人类文明得以持续进步、世界和平稳定发展的重要动力。

在生态方面，实现人与自然的和谐，建设环境友好型社会。实现人与自然的和谐共处，必须坚持绿色发展、可持续发展和共同发展。

三　中国的政策主张

加深对北极的了解。北极地区具有极大的科学价值。对北极的探索和认识是中国北极活动的重点方向和领域。中国积极推动北极地区的科学探索和研究。中国尊重北极国家对其国家管辖范围内的北极科研活动的专属管辖权，主张在北极国家管辖范围内依法开展北极科研活动的合作，坚持各国在北冰洋公海享有科研自由。中国积极开展北极地质、地理、冰雪、水文、气象、海冰、生物、生态、地球物理、海洋化学等方面的科学研究，积极参与北极气候和环境变化监测评估。合作建设科研或观测站，通过建立北极多因素协同观测系统，不断在多个层次和领域观测北极大气、冰川、海冰、土壤、生物生态和环境质量。中国致力于加强北极科研能力建设，加强北极科研站、研究船等支撑平台的建设和维护，提升其功能，推进北极科研破冰船建设。

中国支持和鼓励北极的科研活动，继续增加北极科研投资，支持现代北极科研平台建设，努力提高北极的科研能力和水平。积极进行北极自然科学研究，加强气候变化和环境研究，进一步推进物理学、化学、生命、地球等基础领域的发展。继续加强包括政治、法律、经济、历史、社会、文化、北极活动管理在内的北极社会科学研究，促进北极自然社会科学研究中的合作与创新。加强北极人才培养和受欢迎的科学教育，支持大学和科研机构培训北极自然科学和社会科学专家，确立北极受欢迎科学教育基础，公开北极相关的文化产品，提高国民对北极保护的意识。积极推进北极科学研究方面的国际合作，促进建立开放全面的国际北极环境监测网络，支

第四章
合作制度体系建构

持通过国际北极科学委员会等平台的务实合作，促进中国科学家在北极的国际学术交流与合作。

技术和设备是理解、利用和保护北极的基础。鼓励发展以保护生态环境为重点的极地技术和装备，积极参与北极基础设施建设，推进深海勘探、冰川探测、大气和生物观测等设备升级，推动油气钻探、可再生能源开发、冰川导航和监测等技术创新，在北极水域建造新型船舶。

积极参与北极治理和国际合作。中国主张建立和完善北极治理机制。依法规范、管理和监督中国公民、法人和其他组织在北极的活动，努力使相关活动符合国际法，尊重有关国家在环境保护、资源保护和可持续利用领域的国内法，切实加强中国在北极外交政策和事务的统筹协调。在此基础上，中国积极参与北极国际治理，坚持以《联合国宪章》和《联合国海洋法公约》为核心的现有北极国际治理体系，努力为北极国际规则的制定、解释、适用和发展发挥建设性作用，维护各国和国际社会的共同利益。

中国主张稳步推进北极地区的国际合作。在"一带一路"框架下加强北极国际合作，坚持广泛协商、共建共享的原则，开展政策沟通、基础设施互联、贸易便利化、金融中介和以人文为重点的务实合作，加强北极国家发展战略对接。中国愿与各方共同努力，通过密切与朝鲜的关系，促进共同福利和共同利益发展。

在国际层面，中国积极参与制定世界环境、气候变化、国际海洋事务和公海渔业管理等领域的规则，依法全面履行相关国际义务。中国将不断加强与其他国家和国际组织在环境保护方面的合作，推进节能减排和绿色低碳发展，积极推进应对气候变化的全球进程和合作，坚持公平、共同且有区别的责任和能力原则，向发达国家提出《京都议定书》中国积极参与国际海事组织的事务，积极履行海上航行安全保障和船舶防止海洋环境污染的国际责任。中国主张加强海洋技术的国际合作寻求全球协调解决方案，在国际海事组织框架内减少海洋运输中的温室气体排放。中国积极参加北冰洋海洋渔业的管理，在按照国际法不影响各国享受的公海自由的情况下，通过具有法律约束力的国际协定提倡北冰洋海洋渔业资源的管理，使北冰洋的科学研究和渔业活动成为可能。

在区域一级，中国积极参加政府间北极区域机制。作为北极评议会的官方观察员，中国重视北极评议会在北极问题上发挥的积极作用，认识到北极评议会是北极环境与可持续发展的主要政府间论坛。中国遵守申请北极评议会观察员地位时的承诺，全面支持北极评议会的活动，指派专家参加北极评议会及其工作部会、工作组的活动，北冰洋大气搜索救助协定、北冰洋石油污染防止协会中国支持通过部长会议等进行的国际合作。

在多边和双边层面，中国积极推进北极圈在各个领域的务实合作，特别是在气候变化、环境保护、科学研究、水路和资源开发、海底电缆建设、人员交流、人才培训领域的交流与合作。中国提倡建立北极各国和区域外国家的合作伙伴关系，并就北极问题与所有北极国家进行了双边协商。

中国支持所有有关各方参与北极的管理和国际合作交流。中国支持北极对话区、北极圈论坛、中国北欧北极研究中心等平台，在促进相关人员交流与合作方面发挥着重要作用。支持科研机构和企业根据各自的优势参与北极的管理，鼓励科研机构与外国智囊团和学术机构的交流对话，支持企业依法有序参与北极的商业开发利用。

第五章

制度结构互动与耦合

制度，它的发展历程既包括本能的自发演变也包括刻意的、有意识的双向演进。制度可区分为制度安排和制度结构。制度安排又有正式和非正式之分，是牵制既定行动模型和关系的一套行为准则。一个社会中，把非正式制度和正式制度融为一体，就是制度结构。本章主要论述"冰上丝绸之路"合作的非正式制度、正式制度，以及在北极区域制度演进下北极共生制度的形成。

第一节 正式制度

一 正式制度含义与特征

因人类的意识而出现，并以正式方式加以确定的各种制度安排称为正式制度，涵盖了契约、经济法则、政治法则，它们共同限制着人们的行为。正式制度通常也称为正式规则。

政治集团的层级结构以及它的基本决策结构和支配议程的明确特点被政治规则所阐述。产权，也就是财产使用并从中获取收益的权力，转移资产或资源的能力则由经济规则加以界定。当社会人口持续增加，人类对自然资源无休止索取时，原本天然赋予并十分充足的环境就会变成一种稀缺资源。生产和消费过程中环境外部性问题的产生是由于人类不需要向大自然支付任何成本的资源利用。著名经济学家科斯认为，我们应通过调整产权制度的方式，明确产权以完成新的收入流的分割并自觉遵循团体行动的规定。解决环境问题的有效途径是明确环境区域的产权，在明晰产权的区域，所有者有对该区域资源的所有权和优先开采权，同时也承担着保护区域环境的责任。产权明晰的安排刺激了产权所有者保护环境的积极性，将有害的外部性进行内部化处理，减轻环境恶化对人们生存和发展的压力。适用于北极的《联合国海洋法公约》关于领海、大陆架等区域的划分就是用产权制度解决经济利益划分和环境外部性的典型案例。不同海域的法律地位不同，沿海国的管辖权也不尽相同。该公约第十二章在明确主权国家开采资源权利的前提下，规定了防范、降低和管制海洋环境污染的措施；确立了不转移损害与危害或将污染转化为另一种污染的义务，规定了对污染的应急方案，对污染危险或影响的监测，以及对各种污染源的识别和相关行为体的具体执行措施等，为保障海洋环境确立了基本法则。契约从社会制度的角度看是指行为人可以通过自由的协商为自己创造社会地位、义务和权力的一种社会协议方式。契约既可以双边通过谈判建立，也可以通过多边协商建立。契约反映了签订契约的各方对相互权力关系的确认，是自身利益在其中得到有限保护的确认。契约各方承诺履行责任和承担义务并规范自身行为。比如《挪威—俄罗斯渔业合作协议》，两国以契约的方式对巴伦支海的所有捕鱼活动确定了更严格的真鳕捕捞配额，并进行更严密的监管以减少非法捕鱼。

正式制度具有强制性特征。这类制度明确以奖惩的形式规定了人们的行动，但这也是人们自己制定或集体抉择的结果。无论社会成员是否情愿，都被正式制度限制着。而且社会中需要有正式制度的实施者、监护人。利益的差别性也在这种强制性中有着重要体现，在受正式制度制约的区域，往往是个别人从中获益而个别人受损，因而强制成为实现其履行责任不可或缺的手段。

正式制度形成的收益率会随着社会复杂程度的提高而上升。这是因为费用或成本在规则的制定及其实施环节都是必不可少的，制度实施的边际成本也随规则适用范围广泛度的扩散而下降。简言之，规模经济的问题也存在于制度的实施中。

诺思认为，宪法等政治规则，它规范和界定着一切经济规则。他提出，政治规则受到各种约束，比如政治的、军事的、社会的、历史的和思想的约束，所以它的发展并不按照效率原则。因而，一个国家可能长期处于低效的经济体系中。

政治规则与有效产权形成的关系在新制度经济学的领域是被重视的。一些新制度经济学家强调，产权只有在一项规则被构想出来时才会出现。在这种规则的等级结构中，产权有效的重点是政治规则的有效性。如果政党的活动受到明确的政治规则限制，在政治交易成本相对较低的情况下，有效产权就会产生；反之，就会出现无效产权。例如，人们的生产性活动将会受到遏制，如果人们在政治活动中投入大量资源的话，那么，生产部门的产出将低于结果财富再分配部门。

二 "冰上丝绸之路"合作的正式制度

《联合国海洋法公约》保障了北极国际合作的环境、解决了北极地区海洋权益纠纷，属于正式制度构建。但也要注意，由于这个公约它自身的缺点和北极地区问题的具体性，使《联合国海洋法公约》在北极治理中所扮演的角色在制度构建进程中逐步出现了偏差，健全北极治理体系建设的紧迫意义也更加突出。

第一次世界大战结束后，丹麦、法国、意大利、日本、荷兰、挪威、瑞典和英国等14个参与战后凡尔赛谈判的原始缔约国于1920年2月9日签署了《斯瓦尔巴条约》，该条约于1925年8月14日生效。条约承认挪威对斯瓦尔巴群岛的主权，各缔约国国民在遵守当地法律和规章的情况下都有权进入斯瓦尔巴群岛区域，从事一切海洋、工业、矿业或商业活动。此后，包括苏联、德国和中国等一些国家也相继签署了该条约。

加拿大、俄罗斯、丹麦挪威和美国五国于2008年5月28日在格陵兰伊卢利萨特举行了首次北冰洋会议，共同发布《伊卢利萨特

◇"冰上丝绸之路"合作制度设计

宣言》，这个宣言的主要内容包括北极主权问题、环境监测与保护、海上安全、危机救援和科学合作等。这一宣言宣示了北极五国在北极航道治理中拥有的独特地位。在宣言中，北极五国明确重申，已经有广泛的国际法律框架适用于北冰洋，特别是海洋法，北冰洋不需要制定一套新的综合性北冰洋国际法律制度。

《北方海航线水域航行规则》是俄罗斯联邦交通部审批通过的，该规则规定在北方海航线水域航行安排的程序和其他相关规则。

北极通航有关的国际法律文件包括：《极地船级统一要求》《极地水域内船舶航行指南》《极地水域船舶航行安全规则》《国际防止船舶造成污染公约》。北极理事会主导的国际协定与政策包括《北极海空搜救合作协定》《北极海洋油污预防与反应合作协定》。不由北极理事会主导的条款和协定，包括《关于斯匹次卑尔根群岛行政状态协议》《伊卢利萨特宣言》。

涉及北极生态环境保护的相关法规和文件包括《北极气候变化评估报告》《防止北极水域污染法》《北极海洋油污预防和反应合作协议》等。

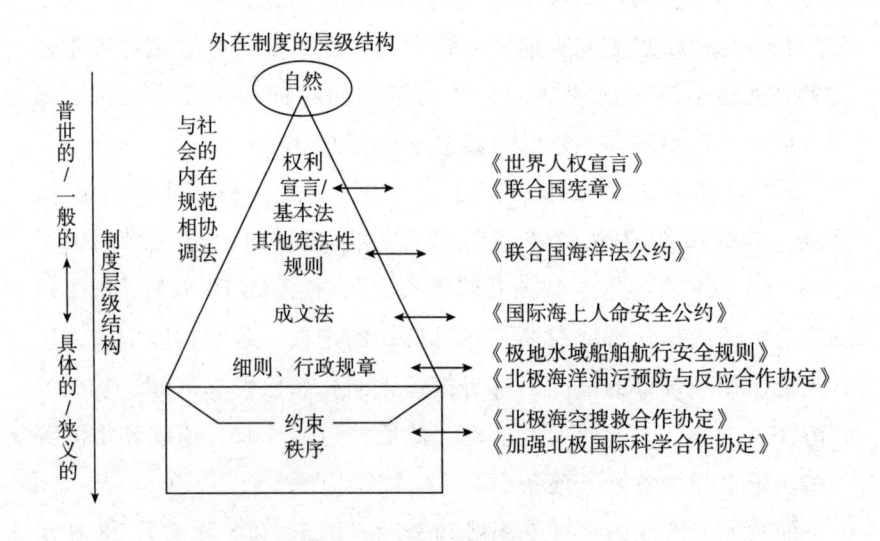

图 5-1　外在制度层级结构

第二节 非正式制度

一 非正式制度含义及其特征

非正式制度是指那些对人的行为的不成文约束，其中包括意识形态、文化传统、伦理道德规范、价值观念、习俗习惯等人们在长期的社会生活中逐步形成的对人们行为产生非正式约束的规则。诺思习惯用非正式规则（约束）来表达。正式规则，即使在最先进的经济中，也只是决定行动选择的整体制约的一部分。在人类行为的约束系统中非正式制度也起到不可忽视的作用。诺思认为，非正式制度可以分为以下几类：对正式制度的扩展、丰富和修改；社会所认可的行为准则；自我实施的行为标准。

非正式制度是我们所说的文化遗产的一部分，是来自社会所传递的信息。正式制度的确立在非正式制度之后，并逐渐取代非正式制度。但是，由于非正式制度的文化特点，它排斥正式制度的能力很强。非正式制度的产生是群体有目的选择的结果。

意识形态，是非正式制度中的核心内容。对于一个热衷于发明的民族或国度来讲，意识形态有可能通过价值观、伦理规范、道德观念、习惯习俗等内容以引导的方式，形成理论基础和正式制度配置的最高标准。我们在把价值范畴的东西转化为法律、制度的范畴远不如西方国家，但是从中国的文明史来看，我们在价值境界、思想境界却比西方文明悠久。

在我们看来，意识形态可以是关于世界的一种信仰。马克思主义经济学家一直关注意识形态问题。他们的看法是，意识形态是降低提供其余制度安排效力成本的最重要的制度安排。他们更细致地剖析了意识形态的经济作用。

非正式制度中包含很多内容，其中就有习惯和习俗。这里首先要把习惯与习俗区别开来。习惯，顾名思义，是在正式场合起着规范人们行为标准的准绳。没有规则定义的标准行为，就表现为多数人或长辈的模范行为。于是可以理解习惯为由文化过程和个体在某一特定时刻之前所积累的经验所决定的标准行为。

价值观念和伦理道德则是非正式制度中的又一项内容。制度是由人的价值观决定的，人们按照价值观念蓝图建构制度，各种因素造成发展的态势，它们反映在人的价值观念里。这个体系所基于的思想是有意识的，但不一定是对的。当人们接受一个想法时，人们构建的认同体系也是一样的。伦理精神和道德规范在特定的经济系统下，都可看作利害相关的一个独立变量，不同的利益追求机制与方式被不同的伦理精神和道德规范所限制。如果这种方式与经济体系相一致，它就是一种推动力；相反，它将成为与现行经济体制背道而驰的力量，走向失调与混乱。

在日常生活中，非正式制度更多地影响人们的行为。这是因为，面对纷杂的信息和有限的筹算能力，人们不可能全面考虑经济行动的方方面面，经常是在一定程度上不加思考地、习惯性地这样做。最佳选择往往是遵循习惯处理问题，因为习惯实际上已积累了人们在过去生活中的成功经验。与此同时，即便是一个再详细的正式制度也不能涵盖人与人之间互动的所有细枝末节，所以不能仅仅依靠法律，还需留给舆论和道德去完成。文化传统的影响力体现在非正式制度的演变进程中，在任何一个特定的历史时期，非正式制度都是通过人的行为习惯构成的一套细则，是人们经过充分沟通和集体学习的结果。正式制度比非正式制度的变动要大。这是因为，正式制度的变化一般影响不到习惯，习惯一经确定，就是稳定的。社会和文明的差异一般来说是由非正式制度决定的。形成不同社会文明的原因是多种多样的，其中就包括经验和学习、习俗和习惯。非正式制度的出现常常取决于特定的初始条件，不同的人群面对不同的初期环境需要解决不同的问题；此外，虽然可能有很多种解决方法，但解决的方案往往是选择其中一个，在此时，其他选择就失去意义。随着时间的推移，就会造成社会和文明的差别。

第五章
制度结构互动与耦合

非正式制度主要特征如下:

(1) 形成的自发性。非正式制度作为一种不成文的无意识形成的行为细则,是在长期的实践中伴随人类的需求而自发组成的,品德规范、习惯风俗、传统文明和价值观点等非正式制度事实上是天然生长和逐步发展的产物。

维持的非强制性。非正式制度对人起到自发约束的作用,这是因为它不但是一种约定俗成的无意识的规则,还是一种自觉形成的不成文的行为规则。因此,维持非正式制度存在和施展功能的力量是由团体内部的彼此学习和模仿、集体成员的从众心理和自我意识以及来自外部的、不严格的舆论压力产生的,所有这些,都是非强制性的。

(2) 发展的长期性。非正式制度的构成和发展是漫长的。它自然地成长,在人们长期的实际活动和集体本身的联络发展活动中逐步进化。此外,在这一漫长的历史过程中,非正式制度随着人类社会的实践发展而发展。尽管这个过程是逐渐进化的、阶段性的、历史性的。

(3) 发展的路径性。在非正式制度漫长的形成和发展过程中,不依赖强制监督力量。然而,惯性却贯穿于非正式制度的形成和发展过程的始终,这就是路径依赖性。非正式制度沿着集体的需求而形成并得以发展是由于惯性的路径依赖。其实,是非正式制度本身的稳固性派生出这种路径依赖性的。非正式制度一旦形成,则根深蒂固,但它的出现、发展又是一个悠久的过程。

(4) 变迁的时滞性。非正式制度成立之后是稳定的,这种稳固状态也并不证明停止了对路径的依赖,此两者是平行的、不停止的。所以,非正式制度的变迁具有时滞性,需经历一段迟缓的进程。正式制度有国家和政府促动会很快变迁,非正式制度的变迁却很不容易,只可以通过一些方法,比如诱导,来逐步变迁。时滞性就是如此显现出来的。此外,这也是非正式制度移植困难的原因,一些正式制度可以根据当地情况从一个地方移植到另一个地方、从一个国度移植到另一个国度,但是非正式制度的移植比正式制度更加困难,甚至不可能移植,是由于其固有的稳定性和路径依赖性,即传统性和历史性,部分非正式制度只能在逐渐变迁、缓慢整合的情况下进行移植。

(5)存在的独特性。一方面,非正式制度是长期实践形成的规范,渗透到人们的生产和生活中,是非成文的规定,它的存在是隐蔽的。换句话说,它暗中指导人们的行为。另一方面,非正式制度的存在并不全部依赖于正式制度,在与正式制度分离的时候,它也可以生存,它的存在具有独立性。相反,因为非正式制度是正式制度形成和发展的环境和土壤之一,所以正式制度的形成和存在及其变迁都必须依托于非正式制度。

二 "冰上丝绸之路"合作的非正式制度

北极地区创造了独特的人类文化,大约在1.5万年前因纽特人最早来到北极,后来其他民族也相继加入,大约在9000年前,萨米人也来到这里。南特西人、多尔干人、科米人、恩特西人等20多个原住民族生活在北极地区。

虽然因纽特人生活在恶劣的环境中,但冰天雪地成了因纽特人的自然屏障。飞机发明之前,外来者很难到达北极东北部和中央地区,阻挡了因纽特人与欧洲殖民者面对面的接触,使他们长期过着与现代社会隔绝的生活。直到19世纪,加拿大的因纽特人才与欧洲、北美的捕鲸者有了比较频繁的联系。因纽特人在第二次世界大战后又回到了丹麦人的统治之下。1953年丹麦政府为结束格陵兰的殖民地状态,颁布法律,在那之前,因纽特民族都没有丹麦国家的公民权。

目前欧洲最大的原住民族是萨米族,是生活在北极地区的又一主要原住民族。在北极原住民中,其人口数量仅次于因纽特民族。大约1万年前萨米人到达斯堪的纳维亚半岛海岸,那时,这个地区还没有人类的痕迹,萨米人是第一批居民,后来他们沿着食物带向北方迁移。一些萨米人在公元前2000年左右,来到芬兰斯堪的纳维亚地区和科拉半岛。① 萨米人大约在 4 世纪时开始大规模南迁并沿海岸远航。到 8 世纪，他们有了贸易港口。② 最终，定居在挪威、瑞典、芬兰和俄罗斯等国的部分地区。③

萨米人自认为是一个整体，这是因为他们拥有共同的历史、文化、语言、风俗习惯和经济生活方式，但他们分散在很多国家。约从 19 世纪开始，挪威和瑞典对萨米民族施行同化政策，萨米民族社会发生了重大的变化。在抵御欧洲殖民者的入侵以及随着全世界民族主义运动的兴起，萨米人联合起来，组织了"北欧萨米委员会"，开始了本民族的文化复兴运动。在持续不断的斗争中，各国政府开始认识多元文化的价值，以及各种文化都有自己的生存权。④

战后的殖民历史凸显了北极原住民不同寻常的品质，他们在与地球上最残酷的自然环境作斗争的历史中形成了坚忍不拔的精神，保留了他们独特的文化。在原住民的意识形态中，人类和其他物种都是生态系统的一个组成部分。在这个生态系统中，人类和其他物种必须相互尊重、和谐相处，共同生活于其中。人类与其他各种生物是平等的，而不是把自己看作凌驾于环境和其他生物之上，或者优越于周边环境。在这个共同世界中，各种物种之间是彼此平等地服务于对方；各种物种不管高低大小，都平等地拥有各自的运行规则。

因纽特民族竭力避免与自然界物种的对立与紧张，因为他们尊敬组成生态系统的所有部分和物种，而不会为了自身利益将某个动物赶尽杀绝，当自然界某个物种面临数量下降或其他情况时，因纽特民族以及其他北极原住民会采取一系列的保护措施来维持生态平衡。

21 世纪以来，随着全球变暖的加剧，北极海冰的融化，北极冰道开通的可能性，因纽特人成为全世界关注的中心，人们迫切需要

---

① 郝时远等：《瑞典萨米人及其驯鹿业考察报告》，《世界民族》1996 年第 4 期。
② [古罗马] 塔西佗：《阿古利可拉传 日尔曼尼亚志》，马雍译，商务印书馆 1985 年版，第 146 页。
③ "Important Years in Saami History"，http：//www.itv.se/boreale/history.htm.
④ [美] 斯坦·奥：《挪威萨米问题工作现状——挪威萨米人权利委员会》，吴金光译，《世界民族》1988 年第 6 期。

◇ "冰上丝绸之路"合作制度设计

那里丰富的油汽资源和海运通道,迫切需要北极原住民的经验来解决那里越来越严重的环境危机,迫切需要原住民的知识来矫正16世纪以来人类社会所形成的工具理性。①

北极原住民的环境观能够有效地帮助现代人厘清现代社会盲目的价值观,从而不再片面追求所谓的经济高速发展、物质财富极大丰富等机械指标,给一再遭受无休止压榨的自然以喘息之机。在北极原住民的世界观中,将自然界的万物赋予人格,人类与动植物之间互惠互敬,这是人类与环境可持续发展的关键。

一些原住民,在北极理事会成立后,被授予了永久参与者的地位,同时附加了一些条件,其中包括必须是北极地区的原住民和居住在一个北极国家以上或一个国家内有两个及两个以上的原住民团体来组成组织的主体。永久参与方并没有正式的投票权,但理事会做出的决议会提前征询他们的意见,他们也能够自由参加理事会的一切活动和探讨。②

北极原住民在北极理事会中的永久参与方的身份是多年来原住民自决运动在跨区域层面取得的重大突破。在多年的博弈中,原住民争取到了环境安全、生存权利和北极资源的经济利益,原住民的文明、意识形态、风俗习惯、惯例等非正式制度沉淀下来,而且发挥了重要作用。

第三节 制度变迁与共生结构形成

人类祈望生活在一种美好的制度环境下,尽享制度的福祉安排,即使不考虑无意识的制度自发演进过程,尽管制度设计来自人类主体有意识或无意识的活动过程,但它也不是行为主体随心所欲的自

---

① 工具理性也叫技术理性,是西方理性主义同现代科学技术相结合形式的技术理性主义文化理念,以功利目标和技术手段为本质特征。
② 潘敏:《北极原住民研究》,时事出版社2013年版。

我意志的产物，它同样需要遵照一些规定和要求。

一 制度变迁与路径依赖

路径依赖是制度变迁的一个重要特点。诺思提出，路径依赖与物理学中的惯性是相似的，因为报酬递增和自我强化的机制存在于社会和经济生活以及物理世界。由于这种机制的存在，人们一旦选择进入一条特定的道路，就会在未来的发展中获得不断的自我强化。一旦事物进入某一路径，他们就会变得依赖于该路径。在概括了路径依赖理论后，它就被广泛用于选择和习惯的所有方面。路径依赖在一定程度上影响着人们的一切选择，人们现在可能的选择是由过去做出的选择决定的，人们关于习惯的一切理论都可以用路径依赖来解释。路径依赖在制度变迁中有以下两种状况：一种状况是良性的，设定某种初始制度之后，报酬递增的成果凸显，对经济发展起到推进作用，导致进一步有利于经济增长的制度变迁。另一种状况是恶性的，设定了某种初始制度之后，出现效率低下的现象，制约了生产活动，这是由于这种制度违反人类通行的价值理念，受到人们内心的抵制，但是会因为既得利益者和当权者的维护而延续下来，但此时该社会被锁定在了低效率状态。总而言之，如果初始制度选择失误，制度就会沿着错误的轨道前进，对社会有强大的破坏力，并最终将整个社会锁定在低效率的牢笼里。

制度设计应防止恶性路径依赖，选择良性路径依赖。因为制度设计的初始抉择是极为关键的。在系统设计中存在路径依赖错误的情况下，主要负责人必须考虑整体情况，把握主导权，及时纠正，避免错误进一步发展。因此，建立真正有效的民主监督体系、权力监督体系、社会舆论监督体系等，是社会长治久安的根本保证和正确的路径选择。

在既定道路上的制度更改可能会在良性循环中快速优化，也可能会误入错误的道路，从而被锁定在低效状态下。我们通过制度安排的自我强化机制和路径依赖分析得出，在制度安排的设计中，路径选择是十分重要的。

◆ "冰上丝绸之路"合作制度设计

二 制度变迁影响因素

为了减少不确定性，人们通过制度的稳定性形成对未来的预期。人们一方面对制度的稳定不变性感到困惑，另一方面又需要制度提供的稳定功能。由于进化过程中条件和环境的变化，制度的功能不如原来健全，使原本适宜的制度变成了过时的制度。人们需要根据制度本身无法改变的事实采取行动，建立新的稳定性，扭转或打破旧的稳定性。个体利益极大化是节约的经济准则，它取决于个人对收益和成本的计算，只要一项制度变更的潜在利润大于潜在成本，人们就有动力变更现有的制度。制度变迁的影响因素是多方面的，在这些因素的共同作用下形成合力，从而推动制度变迁。

相对价格的变动是制度变迁的原因。制度的功能之一在于改变相对价格，而相对价格的变化又影响制度变迁。要素价格比率的变化、信息成本的变化、技术的变化等是相对价格变化的几项内容。相对价格的变化对制度变迁的影响如下：其一，人们之间的激励结构因相对价格的变化而改变，而讨价还价能力的变化导致了重新缔约的努力。其二，相对价格的变动对偏好的变化也起到了一些作用。也就是说，人们的行为模式会随着相对价格发生基本变化而逐渐改变。其三，相对价格的变化可以改变要素投入的潜在利润，激发人们变更产权，使日益稀缺的资源能够得到有效利用。因此，要素相对价格的变化，会导致人们产生重新配置资源的要求，从而引起制度变迁。

制度变迁是社会系统各要素共同进化的结果。共同进化理论源于生态学，主要是指蝴蝶和花类植物的相互促进、共同演化。[1] 共同进化论是指一种物种的变化是在与其生态关联性较强的其他物种的进化下所演化的，也就是具有一个共同体。这种定义反映了生态学和进化生物学中各构成要素的相容性。起初，共同进化理论被用

---

[1] P. R. Ehrlich, P. H. Raven, "Butterflies and Plants: A Study in Coevolution", *Evolution*, 1964, 18 (4): 586–608.

第五章
制度结构互动与耦合

于物种之间的交互影响,主要指寄生物和其寄主之间、捕食性动物和其猎物之间、食草动物和植物之间的交互影响关系。近年来,共同进化理论被拓展到许多不同类型的交互作用中:生态文化、生态经济、生产与消费、技术与偏好、行为与制度、人类遗传与文化等方面。Norgaard 最先将共同进化理论应用于社会经济的研究中,他认为,这是社会五大子系统的信息反馈——知识、价值、组织、技术和环境交互影响的结果,是一个子系统的变化受到其他子系统变化影响的结果。[①] 人类创造农业生产、饲养动物、培育植物,而随后人类文化经济的发展可以被看作是自然界中人类、动物和植物的交互作用的结果。人类的生存依赖于其选择性培养出的植物,而这些植物又受到人类的控制,两者失去任何一方都难以存在。人与制度同样存在共同进化的关系。人与制度是交互影响的,制度约束并规范人的行为,人设计、修改或取缔制度。人是生活在制度空间的人,离开制度,人类生存将难以设想;同样制度离不开人,离开人的制度将是空中楼阁,必将化为乌有。

在 William Hamilton 开创性的研究成果的基础上,Robert Trivers、John Maynard Smith 以及 Wilson(1975)提出了社会行为包括人类的动物群体组织的遗传生物论。利他主义的社会生物论可以解释为近亲选择、互惠的利他主义、适应社会。进化心理学扩展了社会生物论的研究,它从进化论的角度研究人类个体行为与社会及环境的关系。该理论指出了个体的适应性选择取决于与其行为密切相关的群体特征,这种群体特征既包含近亲选择和互惠性选择的利他主义,也包含非近亲选择及非互惠性的利他主义。群体中必然包含个体之间的相似性,个体选择中的共同特征推动了群体选择,群体选择又是在个体选择的相互博弈中进行的。"囚徒困境"解释了博弈中占优策略的形成。个体选择在博弈均衡中促进了群体选择,而群体选

[①] Norgaard, R. B., "Coevolutionary Development Potential", *Land Economics*, 1984, 60: 160 – 173.

择推动了制度变迁。遗传生物理论难以解释利他主义存在的根源，而人与制度的共同进化论则能很好地解释了这一点。社会制度引导人的行为规范，对人提供奖励或惩罚、激励或约束。人的利他主义源自人对制度的追求和遵循，在对制度的追求和遵循中，人的行为必然包含道德及社会文化、惯例（通称为非正式制度）的影响。因此，纯粹的利他主义实际上是社会化过程而非生物遗传过程，人类代际间利他主义的消失可以通过社会制度的规范来进行弥补。可见，基因、生物遗传不是利他主义存在的主要原因，而其主要原因恰恰是与人类行为直接相关的制度因素。

制度变迁是人们逐利过程中博弈的结果。利益关系是人与人之间的基本关系，人们交往中出现的利益不一致及利益竞争促使每个个体选择对自己有利的制度安排，主动发掘获利机会。个体选择是个体之间及个体与群体之间博弈的结果。制度效益的动态变化导致制度变迁，从一套可选择的制度安排集合中选出一种制度安排，主要是基于生产和交易成本两方面以及互补性制度效能的考虑，是这个制度安排集合中最适合的制度。如果，由于某些原因导致生产以及交易费用发生变化，使现行制度安排不再是最有效的，即出现了制度不均衡，那么伴随制度失衡而出现的潜在收益——新获利机会就有可能促使制度变迁随之发生。不同的制度安排对各利益群体产生不同影响结果，出于利己性的考虑，人们总是期望对自己有利的制度安排。制度变化在利益驱动下产生的直接原因是利害对立和矛盾。随着社会分工等经济环境的变化，人与人之间的相互依赖性不断提高，人与人之间利益不一致的情况出现于几乎所有的人类活动中。相关各方的最终目的是通过自己的选择以期实现对己有利的结局。当人们的利益出现冲突时，每个人所获得的利益不仅取决于自己的选择，而且取决于他人的行为或对自己行为的反应，即经济主体之间的决策是会相互影响的。具有利益一致性的行为群体形成集体行动，从而推动制度变迁。为了分析人们之间的逐利行为和推动制度变迁，西方学者从博弈论的角度进行了广泛地研究。Schotter 运用经典博弈论进行了解释，其主要成果在于对社会制度和管理以及他们的形成路径及在市场中的功用的研究。①

外部利润内部化导致制度变迁。是经济主体不能进入现有的制度安排框架内获取的好处，实际上也就是对制度安排成本收益分析后的净剩余。外部利益是一种制度失衡的表现。人们对新制度的预期效用受到外部利润的影响从而引发社会各级主体利益冲突进一步深化。这样，在预期净收益超过预期成本的条件下，人们面对来自制度不均衡的获利机会和剧烈的利益冲突，就会产生为获得潜在利润而进行制度创新的动力。制度创新的目的在于使外部利润内部化，以期实现帕累托改进或帕累托最优状态。因此可以说，制度变迁主体的产生源于对外部利润的追求和利益冲突的刺激。

三　北极共生制度结构的形成

正式制度会涉及人们在分工中的责任及其相关规定，界定成员行为体可为和不可为的规则。如北极理事会章程就从制度上明确了相关成员国、永久参与方、观察员不同的利益、权益和责任的定位。它同时确定了北极理事会议事的程序、决策权利以及主席国、秘书处的职能和权力等。这样的政治规则在权力结构上决定了各类参与方在决策和利益分享方面的差别，以及在一个社会组织中的行为规范。非正式制度对正式制度在特定的条件下会构成限制，所以在制度变迁中培育主体意识形态非常重要。在正式制度形成之前，有关的道德伦理已经开始植根于社会成员的态度之中，这些道德伦理会与先前的文化构成一定程度的冲突。这种伦理和价值观念的变化程度对于制度的公共选择至关重要。在道格拉斯·C.诺思看来，意识形态对人们行为的影响在某些条件下是决定性的。对社会制度变迁的行为体来说，提高某种或某类意识形态的一致性程度能够降低政治成本，增加机构和议程的合法性，是维持制度正常运作的重要基础。

---

① Schotter, A., *The Economic Theory of Social Institutions*, Cambridge University Press, Cambridge, 1981.

◇"冰上丝绸之路"合作制度设计

在资本主义现代工业开始之后，人类社会对自然界的态度发生了质的变化，将自然界从人类的榜样变成了人类满足自身欲望去索取的对象。为人服务、"人定胜天"和凭借着技术对自然进行过度索取成为发展的不二法则。如今自然界沉默的报复，使现代人开始思考人与自然的关系，开始从人类中心主义向生态中心主义的价值观过渡。人们开始建立这样的价值观，即地球上物种和生命形式的多样性是自然界和人类社会赖以持续的基础，人类没有权利加以破坏。确立这样的价值观念必定会使北极围绕环境和生态的保护制度得到越来越广泛的支持。

北极民族传统上有不同于国际主流社会的生态观念和环境意识，而这一因素构成了北极生态相对保存完好的更为重要的原因。人类与自然、环境、宇宙的和谐相处与相互依存来自北极民族的本体论视角与社会实践。在我们大力提倡生态文明建设和可持续发展的今天，如何将北极传统生存智慧与经验应用到环境保护、生态恢复、文明重构等社会发展策略中具有十分重要的意义。

长久以来，人类中心主义误解和原始主义的人类中心主义是西方社会对北极原住民文化研究中存在的两大误区。基于现代与原始的二元主义理论，西方一直将北极原住民视为落后于现代文明的原始民族。同时，这一理论将人类作为主体，将动物与自然环境视为被动的客体，即视为人类生存资料的来源。这一认识大大忽略了自然环境、动物及其他宇宙生命的主体性和能动性，导致了人类对世界资源的疯狂劫掠，自工业革命至今仅仅300年的时间，地球的生态灾难便以爆炸式态势出现，可持续发展面临着巨大的威胁，地球不可避免地进入了一个"人新世"。[①] 由于原始主义误区的存在，传

---

① "人新世"（Anthropocene）在2000年由诺贝尔化学奖得主保罗·克鲁岑率先提出。克鲁岑认为，地球业已进入新的地质时代，在此时代中，人类处于主导地位，上至大气，下至地壳，都留下人类的深刻印记，地球在创新中面临环境恶化、能源短缺，物种灭绝的危险。此概念自问世以来，受到欧美人文学界的广泛关注，成为近20年来最具影响力的概念之一。

第五章
制度结构互动与耦合

统人类学与现代社会长期以来将北极民族的狩猎社会视为落后的、原始的生活方式，却忽略了对长达上万年北极民族对北极寒冷环境高度适应性中所体现的生存智慧的探索与揭示。

北极狩猎社会以泛灵论为本体论基础，相信环境、动物、植物与人类一样均具有主体性，因而主张人与自然之间是一种互动的主体间关系，而非现代社会所主张的那种主、客体关系。基于这样的认识，北极民族敬畏自然，与自然之间构成一种互惠的关系。因而反对针对大自然的无休止的索取。

在生态灾难频繁发生的今天，我们不得不意识到，北极民族的生态意识早已超越了时代。在生态问题上，当代人需要放下身段，做他们的学生。

每个群体的意识形态都是独一无二的。这是一个复杂的世界，人的理性是有限的。当现实生活的复杂程度越过理性边界，或个人面对纷繁复杂的世界而无法快速、精确做出合理判别时，个人就会依靠一些相关的意识形态如价值观念、伦理规则、道德准则、风俗习惯等来走捷径。当人们面对一个复杂的多层级、多行为体的治理制度时，同样会有这样的表现。支持一个社会治理制度与否，人们在盘算利益的同时，会倾向于从道德和价值观上加以判断。因而建立普世的道德观和价值观是个人和社会达成协议的一种可以节省时间和交易成本的工具。重视非正式制度，会简化决策过程，大大提高制度在治理中的效率和效果。非正式制度在制度的执行中也起到至关重要的作用。要想达到治理的效果，要想使相关组织成员严格规范自己的行为，仅靠政府强制实施和法庭判决执行是远远不够的，更多的部分就要交给非正式制度去完成。

一个制度不仅有正式的约束，还有非正式的约束。治理制度中的非正式制度往往被忽视，人们更愿意将注意力放在正式制度上。其实一些正式制度执行不好的一个重要原因就是没有得到非正式制度的支撑，就如同一国法律没有得到普遍认可的道德伦理的支撑一样。

个体试图改变一个自认为非正义制度构造的时候，他们有可能忽略对个人利益的争长论短；社会个体会遵从他们所认为的正当的习俗、规则和法律。人类历史经历了史前时代、农业（牧业）文明、工业文明。当我们意识到工业文明对环境的巨大毁灭力量之时，生态文明建设便成为当代社会的共识。原来为现代社会所忽视的原始民族的生存智慧其实代表着更为高级的文明方式。从这一角度来说，我们今天的生态文明建设不能离开对北极民族生存智慧的吸纳。

第六章
制度实施机制

无论是正式的制度还是非正式的制度，在实施之后都要面临一些问题。正式制度和非正式制度的完善决定着国际区域治理体系的有效性。如果没有执行机制，这个系统就毫无用处。本章主要论述"冰上丝绸之路"合作涉及的组织机制、利益主体与诉求，探讨合作利益冲突与利益分配问题。

第一节　组织与规则

一　主要条约性规则

1. 综合性条约：《联合国海洋法公约》

《联合国海洋法公约》是北极综合管理条约的核心。全面的海洋管理公约是在 1970 年联合国大会中通过召开一次海洋法会议而确立的。1973 年 12 月 3 日，在委内瑞拉首都加拉加斯举行了第三届联合国海洋法会议，150 多个国家参加并通过 146 届联大决议，《联合国海洋法公约》历时 9 年，于 1982 年 4 月顺利通过。于 1996 年 5 月 15 日经过全国人民代表大会常务委员会批准，并于 1996 年 7 月生效。《联合国海洋法公约》对世界海洋范围内的制度与合作运用了 9 个附件和 320 个条款来约束和管控，从而提升它的制约能力。在北极，《联合国海洋法公约》的管辖权在很大程度上取决于北冰洋的法律地位，包括各国对内水的充分主权，各国对领水的充分主权和其他国家船只的通行权，探索、管理、运用和实施专属经济区或专属渔业区自然资源的权力，参与经济发展和探索活动的主权权利，以及探索和开发大陆架自然资源所属的主权。根据《联合国海洋法公约》，北极及其周边的冰区被认为是公海，各国有权遵守公海自由原则。

2. 专门性条约：《斯瓦尔巴条约》（又称《斯匹次卑尔根群岛条约》）

斯瓦尔巴群岛位于北冰洋的格陵兰海和巴伦支海两海洋之间。它的对面是北极，斯堪的纳维亚半岛在斯瓦尔巴群岛南侧，东面是格陵兰岛，西面是俄罗斯。斯瓦尔巴群岛全长为450千米，宽度为40—225千米，总面积为6.3平方千米，占挪威全国面积的16%。其中荷兰探险家威廉·巴伦支在1596年成为到达斯瓦尔巴群岛的第一人。由于大量探险家坚持不懈的努力，更多的国家看到了该岛重要的地理价值、资源价值和经济价值，因此对其提出了主权要求。为了处理群岛中各个国家之间的利益冲突，避免引发战乱等。挪威于1920年2月9日率先与18个国家签署了《斯瓦尔巴条约》，该项条约于1925年8月14日生效。承认挪威政府对该岛拥有完全自治权，该地区的所有管辖地及人民的安全都由挪威政府进行管理、控制及保护，因为该地区是一个永久的非军事地区，其领地也由该地区政府自己管理，不受外界控制和干扰。该地区的缔约国公民有足够的人权，他们不需要得到批准获取签证也可以自由地进出入该区域，并且该地区的人民可以在不违反挪威政府法律的情况下从事任何他们想做的事情，政府对他们没有任何的约束力，在该区域有足够的自由和人权。该条约将斯瓦尔巴群岛定义为在北极是第一个也是唯一一个非军事区。承认挪威的完全主权以及该地区不得用于战争目的。并且身为缔约国的公民必须享有在遵守挪威法律的范围内自由进出以及从事合法的商业活动、生产和供应等一系列活动保障挪威人民的正常生活方式，不得随意践踏和违反。

第六章
制度实施机制

二 组织机制

1. 北极理事会

北极理事会是由北极八国于1996年9月19日在加拿大渥太华发表部长声明之后才正式成立。可持续发展是该机构在北极重要的战略目标，推动北极地区发展前景、环境保护以及资源的可持续发展。其中，针对北极的环境保护还涉及三个极为重要的领域，分别是行政、经济和民间自发的环境组织。北极理事会是一个高级别论坛，旨在为加强北极国家之间的协调、交流与合作提供一个工具，让理事会的原住居民和其他北极团体参与，并解决所面临的问题，特别是北极环境保护和可持续发展。作为一个国际实体，北极理事会的成立加强了北极治理的制度化，北极环境保护战略在协调北极八国就共同关心的问题采取的行动以及促进北极环境保护和可持续发展方面发挥着无与伦比的作用。在北极，参与治理的范围很狭小，自我定位仅限于论坛建设，而不是制度化的区域自治制度。永久参与宣言也明确规定，并指出"只有生活在一个以上的北极国家或一个以上的原住民组织才有资格申请成为永久参与者。"北极宣言还明确说明北极国家将全力以赴地保障北极居民幸福安稳的生活环境，尤其注重原住居民及其所在的社区对北极所做出的特殊贡献。目前，政治协作、经济支持等问题尚未解决，要想实现北极地区的可持续的健康发展，包括经济、文化和社会发展，以及改善健康和思想文化福祉，我们应共同努力奋斗，积极响应各项制度共同维护北极的生态环境，深入开展对北极的调查研究与分析，准确定位并加强北极环境法律与经济关系的研究，为制定中国北极政策提供依据。与此同时，在其原有基础上，尽快对北极环境做出反应以应对国家政策的变化，只有这样才能避免北极环境变化引起的异常天气所带来的社会保障问题，才能保证社会的稳定和可持续发展。同时，针对北极出现的问题要采取相应的措施保护北极地区。这包括保护和利用北极地区的生物物种的多样性和资源。还要在以下方面达成共识：一是实现北极环境保护战略的重要性；二是保护北极原居住人民的传统文化与知识的重要性；三是加强北极科研对于集体了解北极区域内部的重要性。该宣言为北极理事会的制度化及其理事机构和主题的多样化提供了新的动力，北极的环境问题持续得到解决，会带来一系列附带利益。

根据以往条例，北极理事会是在北极高级官员会议中举行的，这项会议一年举行两次。该会议是由高级代表或高级外交官组成的。主席国在结束两年的任期以后，由八国外交部长和环境部长以及北方事务部长在部长级会议上以他们当地的城市名义发表言论。大致来说，部长级会议发表言论主要是针对北极治理，其中包含北极监测与评估、持久性生物污染、可持续性发展、气候变化以及应对这几个问题所组成的工作小组的工作任务。北极理事会中都会设有专门的秘书来负责统筹协调对应的会议活动。

在部长级会议中会提出北极理事会的决定以及出台相应的政策，来指导理事会以后的工作发展方向。北极理事会的成员可以轮流来担任北极理事会的主席，而主席国也有其对应的职务，它们所负责的是协助促进秘书处工作。

2. 联合国政府间气候变化专门委员会

1988年联合国政府间气候变化专门委员会正式成立。它是由世界气象组织（气象组织）和联合国环境规划署（环境署）联合设立。联合国政府间气候变化专门委员会内部设有一个秘书处。该委员会对联合国环境规划署和世界气象组织的所有成员方开放。委员会主席和主席团由委员会全体会议选举而产生。理事会对所有委员会成员和世界气象组织开放。

人类的大规模活动已对全球复杂多样的自然生态系统造成严重破坏。绝大多数的科学家认为，气候变化将会给人类带来许多具有严重破坏性的风险，不能因为缺乏充足的科学性与准确性而拖延实施。统治者要根据自身的经验面对潜在的环境影响、气候多变的因素，以及当今社会对经济的影响，找到准确的方法，采取相应的措施并加以实施。政府中的专门委员会对于气候变化的立场面向世界

第六章
制度实施机制

各地的政策制定者和其他领域提供科学决策和理论依据，对具有政治性的气候决策提供相应的信息和理论支持。这个委员会与其他的委员会不同，它并不是一个科学的研究机构，而是汇编各国以及各个机构对于有关气候变化的论文和摘要，并进行发表。委员会合作完成了多份评估研究报告。这些报告对研究、分析气候变化问题提供了重要的信息源，在国际社会上占据着重要的位置。

联合国政府间气候变化专门委员会是由三个工作组和一个专题组组成。每个工作组分别是由一名发展中国家的成员组成的工作组和一名发达国家的成员组成的专题组。工作组的主要工作是负责科学基础领域，侧重于对气候变化和气候系统通过运用科学技术来进行检测与评估，也就是汇报有关气候变化领域的专业知识，比如，气候变化是以何种速度产生的。第二个工作组侧重于气候变化的脆弱性、适应性及其影响。并且还负责测评自然生态系统和社会经济的损害程度，气候变化的积极和消极的影响以及适应性的调整方法。又如，环境、人类和自然是如何受到气候变化的影响和如何消减这些影响。第三个工作组侧重于消减气候变化，限制温室气体排放或缓解气候变化的可能，研究并发现如何阻止人类造成气候变化的行为。联合国政府间气候变化委员会向世界气象组织的所有成员以及联合国环境规划署开放。在最终的会议上，委员会将会对其方式、工作方案和程序、原则等做出决定，并举行新一任的主席以及主席团成员的任职仪式。会议必须要以联合国通过六种语言为使用准则。

联合国政府间气候变化专门委员会是以全面、客观、透明和公开为主要原则，利用来自世界各地数百名专家的工作的理论和研究成果，通过提供社会经济信息、科学和技术来作为评估全球气候变化的依据，具有为全球决策和科学研究提供科学依据和数据的独特地位。它对气候有关的信息或其他相关参数并不进行明确的监测和研究，其评估主要基于仔细审查和出版具有科学技术的学术文献。联合国政府间气候变化委员会的另一项主要活动是提供独立有效的咨询意见和科学信息，同时定期评估和预测气候变化的发展现状，就相关专题编写技术报告和特别报告。委员会提供的评估报告确保现有观点得到充分反映，使其与政策相关却不带有政策指示性。

近几年，联合国政府间气候变化专门委员更加关注极地问题，对极地问题加以调研和考察，特别是由于气候变化所造成的北极冰层快速溶解，以及航运等人类活动的增加将有可能对环境产生影响。而且在北极环境问题上面临着严峻的生态问题，一方面直接导致海平面的升高，威胁各国的沿海城市；另一方面会破坏全球的生态平衡，一些动植物的生活环境被破坏，导致生物迁徙和灭绝。此外，冰雪的消融会使许多几百年甚至几万年前埋藏于冰盖中的微生物暴露出来，影响人类的健康，甚至将对人类生存环境造成威胁。因此，我们应加强整治措施，对自然资源的开采和加工要做到有序进行，在获得经济利益的同时，不能以污染或牺牲环境为代价，同时我们还要严格限制自己的行为，不能乱丢废弃物，注重自己生产生活的环境治理及生态修复，保护环境，美化环境。

国际北极科学委员会组织的非政府国际组织是一个致力于解决北极问题的组织。北极八国是由丹麦、苏联、美国、加拿大、芬兰、挪威、瑞典、冰岛所构成。在1990年8月28日它们在加拿大签署了《国际北极科学委员会章程》，成立了首个统一的非政府国际组织。这并不是一个属于政府机构的组织，根据章程规定，有资格代表其国家参加活动的都是国家一级科学研究机构的代表。委员会于1991年1月正式成立了组织成员，其成员包括日本、荷兰、波兰、英国、法国和德国。中国在1996年也正式加入该组织。目前该组织共有17个成员国。委员会在挪威首都奥斯陆设立了一个常设办事处，国际北极科学委员会是一个正式表达政府和科学家的政治、军事以及经济愿望的具有科学性的研究机构。

国际北极科学委员会有着显著的治理效果。委员会是以合作、和平和科学为首要原则建立的，为来自不同社会制度不同地区和国家提供并打造了一个发表个人意见的平台，有利于信息的准确性和公平性，为快速解决问题而提供便利条件。委员会合作和指挥各国在北极考察的活动,并在一些重要问题上协调各国之间达成一致。就学科分类来说,目前北极地区的研究课题包括:地理学、测绘与制图、大气物理学、冰川学、固体地球物理、人类医学、物流技术、海洋学、气象学、生物学、天文学、人文科学、环境科学等。与其他国家相比,极地科学推广速度和高科技应用要更快。

3. 巴伦支海欧洲—北极理事会

在1993年,为了消除"冷战"时期遗留下来的国家间冲突和群体对立的"后遗症",促进有关国家在海域的和平共处,挪威政府提议建立一个基于机制的协调组织,并举办了外长级欧洲北极区域合作会议。6名外交部长都是以正式成员身份参加了这项会议,其中包括斯里兰卡、冰岛、芬兰、瑞典、丹麦和挪威。其中,欧盟委员会也派出代表来参加此次会议。此外,日本、英国、德国、荷兰、美国、法国、波兰、加拿大、意大利9个国家作为观察员也参与了此次会议。会后,各方发表了《巴伦支海欧洲—北极地区合作宣言》,各方一致认为,欧洲与北极地区在巴伦支的合作将会有效地维护和推动欧洲整体发展的可持续性和稳定性,通过用伙伴关系取代对抗,加强合作维护世界和平与安全。各方都把巴伦支海欧洲—北极理事会合作视为欧洲一体化进程的一部分,为合作塑造了安全的新平台。就其本质而言,巴伦支海欧洲—北极理事会是一个政府间国际组织。它的主要职能是协调和推进有关成员国之间的协作与发展,发展俄罗斯北极地区与北欧国家的关系,合理推动北欧大陆和北欧的联系,促进交通、林业、农业能源和环境保护方面的合作。在"冷战"结束的影响下,该组织的成立也被视为俄罗斯和欧洲之间缓和关系的开始。欧洲的出发点是北极,而俄罗斯不仅从政治和经济机制改革出发,还会在推进市场经济、民主和区域建设等方面给予必要的支持,进而与北欧国家建立实质性联系。虽然该组织的成立背景比较特殊,但其治理领域从未脱离北极,其治理目标也集中在各国对北极地区的开发利用上,应将其视为北极地区治理的重要一极。

波罗的海国家理事会,有两个次区域机构显然已成为欧洲区域北极事务合作的工具。丹麦和德国在1992年通过联合倡议，成立了波罗的海国家理事会，其成员有3个波罗的海国以及5个北欧国。促进区域各国之间的合作与发展和前东方集团国家的经济与民主发展是波罗的海国家理事会最终的目标。除此之外，优先领域还包括传染病控制、劳工问题、人民安全、打击有组织犯罪等。波罗的海国家理事会接受波罗的海国家首脑会议的全面政治指导，首脑会议的主席由成员国轮流主持。

波罗的海国家理事会在成立一年之后，在挪威的倡议下，于1993年巴伦支海欧洲北极联合理事会成立。它的成员来自波罗的海沿岸的10个国家，其地区理事会涉及该地区的县级单位和原住居民。欧洲北极联合理事会在巴伦支海的目标是缓解地区军事紧张局势、防治区域环境威胁，以及减小东西方生活水平差距。其关注的功能领域包括环境保护、区域基础设施、经济合作、文化、旅游、科技、医疗保险以及对当地原住居民的关心。

第二节　制度主体与利益诉求

一　北极域内国家利益诉求

1. 俄罗斯

2006年，俄政府通过了《俄罗斯联邦北极地区可持续发展规划》。2008年，俄罗斯政府商议并通过了《至2020年俄罗斯联邦北极国家政策基础和前景展望》。根据该文件，俄罗斯在北极的国家利益是：维护北极地区和平与合作；确保完成国家社会经济发展任务；将俄罗斯北极地区作为战略资源基地，保护北极独特的生态系统；并将北海航道作为俄罗斯在北极地区的统一国家运输通道。2013年，俄罗斯政府通过了《至2020年俄罗斯联邦北极地区发展和国家安全战略》，2014年，通过了《2020年俄罗斯联邦北极地区社会经济发展》的国家计划，明确了俄罗斯北极政策的战略方向：

第六章 制度实施机制

实现与北极国家协作划分海域,解决俄罗斯北极地区外部边界的国际法律依据问题;改善北极原住民生活质量和经济活动。

2. 美国

美国北极战略的基础是1994年总统令中确定的美国在北极的关键目标:确保国家安全;保护北极生态体系;确保北极地区稳定的经济和社会发展;巩固北极国家间的国际合作;吸引原住民参与管理;加强环境科学监测。另一个重要的文件是国家安全总统令,其重申了1994年总统令中规定的优先发展内容,并更为详细地描述了某些政策方向。其中,该文件重申了美国对北极国际治理体系的立场,认为随着该地区经济活动的增长,有关制定新的相关国际法的问题必然会产生。

美国认为,没有必要制定任何有关北极的国际条约,而是应将北极理事会作为讨论北极问题的主要平台。北极理事会被美国视为高级别的地区性论坛,并没有被赋予国际组织的地位。如果北极理事会具有国际组织的地位,那么它将有权通过与美国政策相冲突的决议,而美国作为该国际组织的成员则需要执行这些决议。美国在北极活动的优先方向是确保其军事战略优势和海军自由机动灵活。美国在北极地区的主要国家利益是在2009年由总统颁布的确保自由航行。对美国来讲,北极海上运输走廊(北方海航道和西北航道)是国际海峡,应合理使用过境通行权并且不能用沿岸国家法律规范航行(对俄罗斯而言是北方海航道,对加拿大而言是西北航道)。美国在北极的其他利益有以下三项内容:军事战略利益(反导防御和早期预警、海陆战略力量调动战略限制、驻扎海军并进行海上作业、航海航空自由)、保障内部安全利益、防止恐怖活动。据美国地质勘探局评估,美国在北极(阿拉斯加海岸)大陆架享有整个北极未探明石油储量的约31%。

美国在1982年没有加入《联合国海洋法公约》,依据该公约的规定,各国可就大陆架勘探争端问题提出申诉。2009年总统令中划定了美国海底界线,美国政府将对此拥有海洋资源开发权,这是确

— 151 —

保美国能源和生态安全的关键。然而20多年来,《联合国海洋法公约》因不符合美国国家利益,始终未获得美国国会批准,尤其是各国在延伸大陆架上开采石油和天然气须向联合国国际海底管理局缴费的条款,招致美国国会的强烈反对。

  2010年,美国的北极政策侧重点有所调整,但没有出现根本性变化,2013年,通过了《北极地区国家战略》,在该战略中美国政府高度重视提高公众对北极问题的关注,主要是气候变化和环境保护方面。但是,从美国政府现在的态度来看,该国在生态环境方面的政策难有进展。同时,美国似乎将继续实施20世纪末拟定的北极总体战略方针。北极理事会高官委员会主席和负责海洋及渔业事务的美国副助理国务卿大卫·博尔顿在声明中指出,近年来美国的北极政策方针修改微乎其微,且基本目标也一如既往,都是在确保美国利益和地区生态安全的基础上制定的。

  3. 加拿大

  加拿大的北极政策由其对北极主权主张及一系列官方文件确定,其中包括加拿大政府2000年发布的《加拿大外交政策的北方维度》,2004年、2009年和2010年又分别对其进行了大幅度修改以及梳理。

  加拿大在北极地区的优先政策大部分是为确保其北部社会经济稳定和生态可持续发展服务,对于加拿大北方地区这一概念,加拿大的理解要比北极更为广泛。加拿大北方在地理位置上不仅指位于极圈以北的领土,还包括极圈以南的西北地区、努纳武特和育空地区,以及北极圈的岛屿和水域在内。加拿大北方地区占加拿大陆国土面积的40%。对于加拿大的北极战略方向与其说是对外的,倒不如说是对内的,因而与美国的政策有所不同。其中,对于加拿大的北极战略的主旨包括:保卫加拿大所在北极区域的主权以及领土完整;促进加拿大北方地区社会和经济发展(开发石油天然气矿区、钻石开采、向北方地区提供补贴);保护环境和适应气候变化;将发展北方地区自治、经济和政治活力作为北方地区开发政策的一部分。

加拿大的北极战略是在国际法框架内与其他国家和组织双边及多边对话基础上实施的。加拿大在很大程度上依赖于美国的支持,与加拿大进行多边协作的其他重要伙伴国还有挪威、丹麦、芬兰、瑞典和冰岛。加拿大与俄罗斯就北极航线开发、开展北方地区的贸易、环境保护和联合科学研究签署了备忘录。至于与北极域外国家在北极地区开展合作问题,加拿大强调,愿同其他国家在北极国家主权得到尊重和认可的条件下进行对话。

4. 北欧五国

北欧地区包括挪威、丹麦、芬兰、瑞典和冰岛五国。一方面,北欧国家在涉及外交和安全方面的国家制度和战略指导方针各不相同;另一方面,长期以来北欧五国在经济、社会、生态及外交政策方面的协调配合以及共同拥有的政治、金融、经济制度又将其紧密地联系在一起。由于可用于开发的本国资源有限,美国、俄罗斯、加拿大和一些北极域外国家在该地区的竞争日益激烈,五国的北极政策日趋统一。尽管如此,每个国家的北极政策依旧各有特点。

挪威北极政策的框架基础是 2006 年通过的《挪威政府高北地区战略》,该项文件确立了挪威北极政策优先发展方向:确立挪威在该地区的主权地位;通过在挪威所属的北极地区建立新的研究中心,以及发展现有研究中心来鼓励北极科学研究;保护环境并为该区域可持续发展创造良好条件;为巴伦支海能源开采及整个挪威和部分极地地区相关业务的开展创造有利条件;保护北极原住民(萨米人)的生活环境、生活方式及传统文化;加强北极地区人员的交往;开展与俄罗斯在北极生态保护和自然资源开发领域的合作。

丹麦北极政策的基础是 2011 年丹麦与其在北极主要领地格陵兰岛和法罗群岛的自治机构协商后通过的。在丹麦其北极战略确定了以下几个主要方向:保证北极地区和平稳定、安全防御(优先采用国际法,加强航行安全,保证主权地位);实现自足增长与发展(采用最高标准开采矿产、利用可再生能源、可持续开发生物资源,增长与发展建立在科学数据的基础上,积极参与国际贸易);加强

◇ "冰上丝绸之路"合作制度设计

对北极气候、环境及自然的保护（扩大对气候变化影响的认识，保护自然环境及生物多样性）；密切与国外伙伴合作（寻求解决全球挑战的全球解决方案扩大区域合作，确保双边基础上的国家利益）。丹麦位居全球十大航运国之列，优先利益之一就是发展北极交通走廊，尤其是北方海航道。丹麦为达到既定战略目标，有意借助国家措施（与格陵兰和法罗群岛就北极议题开展更为密切的协作，继续开展对北极的科学研究，加强在其海洋和大陆地区的主权与控制权），不仅积极在国际组织内（北极理事会、北欧国家部长理事会、国际海事组织），而且还与俄罗斯、挪威、美国、冰岛和加拿大通过双边合作的形式推进和巩固自己的立场。

芬兰的北极战略于2010年通过。战略不仅确立了芬兰作为北极国家的利益，以及北极地区对芬兰和全球安全的威胁与挑战，还为完善交通运输及北极出口发展提出了具体行动建议。芬兰在北极经济领域中尤为关注造船、木材与采矿业，以及相关的基础设施建设。在科学技术领域，芬兰将专有技术的使用和国家为企业提供政策支持作为优先发展方向。芬兰实现北极利益的战略包括三个层面：与邻国俄罗斯、瑞典和挪威的双边关系，与这些国家的合作不仅包括参与北极自然资源的开发，而且还包括旨在发展边境地区的跨境项目。发展从亚洲到欧洲和北美的运输走廊对芬兰来说意义重大，运输走廊通过莫斯科、圣彼得堡、芬兰的拉彭兰塔、瑞典和挪威的港口。与北欧合作，芬兰积极参与北欧部长理事会、北极专家顾问委员会、北欧投资银行、北欧环境发展基金框架下的北极合作规划项目。参与国际组织，芬兰竭力强化北极理事会在解决北极问题方面的作用，给予理事会更大的权力，并将其决议由建议性变为强制性。芬兰在2017年5月成为北极理事会主席，任期2年。任期内，芬兰在北极理事会的主要议题是环境保护，包括保护生物多样性，开发北极通信网，扩大大气观测、海洋和冰川气象站的覆盖面，以及有关北方原住民青少年的教育问题。

瑞典同芬兰一样，在该地区的地理特征是没有直接进入北极的出口。与芬兰一样,瑞典积极利用区域及次区域组织来参与北极事务。这两个国家都是北极理事会成员国,也是北欧各类组织成员国。瑞典主席于2011年宣布了其首个北极战略。历经4年的修订与更新,现在实行的是《2015年瑞典北极战略》。瑞典在北极开发与发展的主要目标是:确保北极较低的政治紧张程度;加强北极理事会和欧洲北极合作委员会在巴伦支海作为北极问题多边中心论坛的作用;协助欧洲联盟制定北极政策,推进欧盟作为伙伴参与北极事务;根据《联合国海洋法公约》和其他国际法及条约在北极开展项目合作。瑞典在北极的优先事项是气候与环境、经济发展和社会领域。为实现其战略目标,提出启动一套北欧国家传统的实现机制,其中包括在国际组织中明确自己的态度立场、与邻国积极开展协作、落实本国北极地区经济和社会发展规划。

北极理事会轮值主席在2002—2004年,冰岛逐步形成了系统的北极战略。冰岛为北极理事会提出了一系列优先发展方向,其中包括保证北极发展信息社会、北极地区引进新技术等。冰岛现行的北极战略已被纳入全欧洲的北极政策战略体系之中。北极研究与开发项目昂贵,仅凭一国之力很难支撑这些项目。《北欧对外政策和安全合作》报告对该战略的共同原则进行了阐述。报告指出,冰岛积极通过提出本国对北极大陆架的权利、参与绘制北极与北大西洋敏感地区地图、参与制订公海区域的行动规划等行动,来应对船只密集航行及争抢自然资源而引发的紧急状况。

二 北极域外国家利益诉求

1. 日本

日本是第一批对北极表现出兴趣的域外国家之一,20世纪90年代初,日本加入了国际北极科学委员会,但是日本不属于北极国家。1993—1999年,日本参与实施了一系列国际研究项目,包括海洋政策研究基金会支持下的北方海航道研究规划和JANSROP项目,目的是研究日本船只通过北方海航道的可行性。当时,日本参与北方海航道开发项目得出了并不乐观的结论,因此北极议题遭到日本政府的搁置。但2000年年末，随着中国对北极兴趣越来越浓厚，日本提出申请以观察员国身份加入北极理事会，并成立了隶属于日本外务省的北极特别委员会。

日本没有任何专门实施北极综合政策的政府机构，也没有对于其他机构和部门来说作为政策实施主体的机构。相关问题按各部门管辖范围划分给了文部科学省（负责北极科学研究问题）、外务省（负责北极政策外交问题）和国土交通省（负责国家海洋政策和海上运输问题）。2013年，日本内阁批准了《海洋基本计划》，首次制定了日本对北极研究政策的指导原则：研究开发北方海航道的可行性。2015年，日本公布了首个国家北极政策综合构想——《日本的北极政策》。日本发展和开发北极的主要任务包括：最大限度地发挥日本科技领域潜力；充分考虑北极生态系统脆弱且自我修复能力低的特点；以和平有序的方式确保法治和促进国际合作；尊重北极原住民的应有权利，保护他们的社会和经济结构以及气候生态变化协调一致。

为落实上述任务，日本将建立研究协会网络，促进日本对一系列北极国际科学团体的贡献，扩大在北极国家观测站的覆盖范围。创造经济机遇是日本利用北极海上走廊和北极资源开发的核心利益之一。在2013年日本政府通过《海洋基本计划》中提出要利用北方海航道的重要性，并采取一切可行措施增强未来实际利用的可能性。北极资源的开发对保障日本国家能源安全意义重大。日本40%以上的初级能源贸易额是由石油贡献的，其中80%都是通过高风险的南方航线从波斯湾国家运输而来。日本在扩大北方海航道交通运输的同时，也关注生态问题，其中包括因石油及石油产品泄漏引发的潜在危险，以及航线船只的污染物排放。日本在国家北极政策框架下获取到许多珍贵极地海产品的同时，也关注北极流域的海洋生物资源保护。

2. 韩国

韩国于1987年开始着手制订北极规划，当时韩国海洋研究开发所成立了极地研究中心。经过多次变化，2004年该中心改为韩国极地研究所，成为国家极地开发规划的独立运营机构。另一个极地研究中心设立在韩国海洋研究院，釜山和蔚山的分支机构负责研究北极交通运输和极地物流运输发展等问题。

韩国积极客观评估北方海航道商业开发的经济可行性，以实现对能源的需求和追求能源及矿物原料来源的多样性。并试图把韩国变成一个地区性的石油调度中心。韩国地理位置靠近北方海航道、俄罗斯远东、中国、日本和东南亚国家，因此为了使韩国成为北极运输石油的理想通道，政府到2020年将其石油储量扩大到了6000万桶。与此同时，韩国正在研究开发与北极大陆架海底深钻有关的自有技术。

2013年，韩国就开发北极在政府文件中制定了《韩国北极政策》。韩国针对北极事务制定了四个目标：在北极开展科学研究；通过在北极理事会的积极工作，创造新的商业机会；强化北极国际合作；确保参与北极战略机构的安全，其中包括影响制定北极开发的法律条件。

韩国北极科学规划包括以下方向：极地气候变化及其全球性后果；极地生物多样性和适应特性；极地地质构造；基于新技术的古气候研究（陨石研究和极地冰深钻）。其中，韩国在北极地区国际合作中，它最重要的任务是与北极理事会常任理事国建立稳定的合作伙伴关系，首先是加强与挪威、加拿大、美国和俄罗斯的关系。然而，韩国在北极发挥独立作用的愿望是不可低估的，这也符合该国渴望推行更加独立的外交政策的总体方针。因此，对于韩国来说，尝试调整北极理事会活动，使之朝着对域外国家更开放的方向发展，争取能够参与北极地区开发相关法律、经济技术规则的制定，或将成为该国的优先努力方向。

3. 新加坡

新加坡没有正式的北极战略，但其国家利益在所参与的北极地区事务中能够得以体现。促使新加坡参与到北极开发的主要动机是保护北极地区环境、保障北极地区安全和经济、人力资本的稳定发展。新加坡还支持建立和运行可靠的海上基础设施和有效的地区紧急情况应对系统。新加坡希望通过发展技术，在恶劣气候条件下，在石油储量有限的油田和天然气气田开采领域为北极开发做出贡献（目前新加坡生产的钻机约70%用于世界各地钻探油井）。以这种身份，新加坡将自己定位为参与北极开发所有国家的强大盟友。

新加坡正在密切关注北极海运通道的开发与发展过程。新加坡正努力在2025年前成为全球海洋产业的中心，而北极航运的发展可能会导致国际海上运输线路绕过新加坡。

发展与北极国家的双边关系是新加坡北极政策的侧重点，积极参与北极理事会活动。新加坡外交政策基于一贯的力量均衡原则。自从取得北极理事会观察员国地位以来，新加坡严格遵守国际法，拥有世界第二大海港，具有一定的政治影响力，可以影响北极域外国家的力量平衡。

4. 印度

印度和新加坡一样，目前尚没有明确的北极战略，但两国都有同样的顾虑，即担心极地航运的发展将导致印度港口海上交通物流受到冲击。中国的行动是印度在北极积极活动的促进因素。中国计划通过北极运输走廊实现资源和货物供应路线多样化，并通过巴基斯坦建立运输走廊，这将减少中国对通过印度海岸附近运输路线的依赖。因此，印度担心失去对中国、南亚和东南亚其他国家的影响作用而积极参与北极活动。

第三节 重点合作领域

一 现时合作领域

1. 陆路交通基础设施建设合作

中俄共同规划和发展港口、铁路、公路和口岸等基础设施，强化沿海运输通道、跨境运输组织和边境基础设施等方面的协作，促进互联互通的长期交流机制，推动中、日、俄、蒙、朝之间的过境运输。

（1）建设中俄沿海、陆海经济运输通道。实施基础设施建设，确保旅客、货物和运输工具的流动无障碍；加快长春至珲春高速公路至长岭子港的建设，努力与俄罗斯规划的哈桑（克拉斯基诺）至符拉迪沃斯托克高速公路衔接。通过珲春至长春的高速公路，俄罗斯港口经珲春延伸至东北亚腹地；规划珲春流域至俄罗斯巴里巴什高速公路改建工程。

（2）推进既有铁路和新建铁路现代化。双方共同建设中俄珲春至马哈利诺铁路，实施珲春至马哈利诺铁路口岸基础设施建设的项目工程，提升双方铁路运输潜力；推动珲春铁路口岸—卡梅绍娃亚站—扎鲁比诺港、卡梅绍娃亚站—波谢特港的"Y"形标准轨铁路建设项目；推进珲春—符拉迪沃斯托克高速铁路建设。

2. 港口协作

（1）助力开发东方港的区域建设。东方港的地理位置优越，地处俄罗斯东南沿海，与纳霍德卡湾东南侧接壤。东方港是俄罗斯远东地区对外贸易的门户。它们通过西伯利亚陆桥与俄罗斯广大腹地（包括欧洲中心）相连。

（2）有利于推进纳霍德卡港的区域建设。纳霍德卡港位于俄罗斯联邦沿海边境地区，面向日本海。主要由军事设施和水产养殖组成。它也是泰纳线的东部终端。

（3）推动符拉迪沃斯托克自由港区域建设。符拉迪沃斯托克自由港位于俄中朝边境附近，总面积为3.4万平方千米。俄罗斯总统批准将符拉迪沃斯托克开放为自由港，表明该港未来将作为东北亚物流枢纽发挥重要作用。也将在区域经贸合作中发挥引领作用，甚至为包括黑龙江在内的东北地区经济转型发展营造新机遇。俄罗斯建设符拉迪沃斯托克自由港是近年来最优惠的吸引外资政策，这对于中俄合作提供了良好的发展契机。

3. 园区合作

建设中俄信息园区。我们响应国家政策大力推动中俄资源共享实现对接，努力成为中俄最具特色的开放平台，发展战略高度契合。

（1）加强中国的特色经济发展示范区与俄罗斯跨越式发展区的对接。以深化边境地区国际经济合作为重点，以畅通无阻地利用东北亚交通网络为保障，大力发展贸易。中国庄河的海上经济区域发展示范区以生态科技为导向，促进高科技海珍品良种繁殖、海珍品苗种中间繁殖、海珍品生态放养、海珍品综合加工及渔港服务、海珍品科教推广建设，着力推动数字园区、生态渔港、海洋牧场、文化旅游、生态养护等重点工程建设。推动俄罗斯跨越式发展区建设，重点建设阿穆尔州"普列德莫斯托瓦亚"工业—物流发展区，"别罗戈尔斯克"农业型发展区，堪察加州的"堪察加"农业、港口工业、旅游休闲、航空运输业综合发展区，楚科奇州"白令科夫斯基"煤炭矿产发展区，萨哈—亚库特"坎加拉瑟"工业发展区，滨海边疆区"米哈伊洛夫"农业发展区。

（2）协作完善"大通关"制度。促进国际通关、转运、多式联运一体化，以及国际信息交流，为铁路货运初步信息交流创造条件；实现信息共享，改善通关环境；促进中国与俄罗斯两国海关监管结果的互认，提升口岸通过效率。

（3）完善运输网络，增强与腹地及其他口岸间的联动。沿中俄蒙经济走廊开通国际集装箱班列（长珲欧），对接日本海海上运输航线，实现俄罗斯、蒙古国、中国东北腹地、日本、韩国、朝鲜互联互通；加快推进规划中的丹东—通化—图们—绥芬河—佳木斯铁路建设，珲春—东宁高速公路建设，形成东北东部铁路、公路交通大动脉；推动珲春成为东北亚物流集散的枢纽，建设东北亚（珲春）陆海联运物流中心。

4. 拓展滨海旅游合作

要充分利用中俄沿海旅游资源，创新旅游协作模式，强化旅游基础设施，提高旅游产品服务质量和档次，提高旅游产品多样化，并且旅游业要注重整体营销。中俄的政治与经济两方面的关系日益密切，依托两国当地的自然风光、地理位置优越等集中发展旅游资源，对经济和社会发展起到了积极的推动作用，同时加强了两国的亲密关系，促进了两国人民的相互交流，增强了两国之间的友情。双方旅游达成的共识具有时机、地理位置、和谐的优势，带动了旅游经济带的迅速发展。

（1）共同规划旅游线路，培育中俄朝跨境联合旅游品牌。在图们江三角洲地区有着极为丰富的旅游资源适宜联合开发，共同打造跨境旅游合作区。现阶段，三国共建困难较大，我们可以按照"先双边，后多边"的国际合作惯例，率先进行中俄双边协商，启动图们江三角洲中俄跨境旅游合作试验区。随着形势的不断变化，要适时推进图们江濒及其附属海域10平方千米滨海平原的规划建设。充分利用哈桑的滨海风光和珲春的自然山水景色相融合的地形地貌以及便捷的连接三国的滨海铁路、海上运输等来打造具有创新性和独特性的国际休闲旅游风光度假区；全面启动敬信镇旅游综合开发，加快建设防川生态度假区、九沙坪民俗风情园、大荒沟红色旅游区，正式启动图们江跨江旅游业务；建立珲春东北亚论坛永久会址，扩大图们江三角区旅游的国际影响；与俄罗斯和朝鲜共同培育"雁鸣闻三国，虎啸惊三疆"的东北亚旅游品牌。

（2）共同开发和经营邮轮旅游，打造图们江三角洲国际邮轮客源基地。中俄双方要联手打造集邮轮产业，加大推进海洋经济的高质量化以及高标准化发展的重要产业链条与产业集群。而且中俄双方还要联手成立中俄合资邮轮有限责任公司，在符拉迪沃斯托克港和扎鲁比诺港协商建设邮轮码头，合资建造或引进邮轮，进行邮轮运营管理人员培训，率先开辟俄罗斯、中国和朝鲜近岸邮轮旅游线路，适时开辟环日本海邮轮旅游航海线线路，采用滨海旅游的强大吸引力，推动宣传营销力度，培育邮轮旅游客源。

5. 水产养殖开发与合作

开展水产养殖技术合作，推进中俄边境水生生物资源修复与养护，探索水产养殖标准化建设对接，开发针对北方海水养殖的装备设施。

（1）加强水产养殖技术合作。开展重要渔业资源保护技术合作，如天然岛礁保护、人工鱼礁建设、人工海藻养殖场建设、鱼贝藻多生态海洋牧场建设等。研究区域生态调控，改善珊瑚、礁鱼、贝类附着基地生境，改善技术、礁、洄游鱼类，以及珊瑚鱼类的迁徙与繁殖、虾蟹幼体的驯化、隔音频率等。加强水产养殖的技术合作，形成高效率体系。

（2）推进中俄边境水生生物资源改善。根据生态环境、资源和养护的需求，科学确定了水生生物的增殖与释放的功能、规模和类型。我们将努力保护水生生物的多样性，释放珍稀物种。组织科研单位对育苗放流环境的基本要求、放流地点的选择、苗种质量标准的要求、育苗要求、检验检疫、苗种计数程序和方法等进行探索和钻研，并对全新品种的育苗进行培育和开发工作。要打击各种非法捕捞的行为方式。要加强宣传，营造保护渔业资源和生态环境和谐美好的氛围，进一步完善保护鱼类资源扩散放流的措施，建立鱼类资源释放和分散的长效机制，与全社会共同努力，建设人与自然和谐共鸣的大家园，同时优化增殖放流的工作机制。通过跟踪调查和效果评价，建立了渔业资源增殖效应监测评价体系；开展渔业资源跟踪监测，掌握其放流成活率、洄游路线、自然繁殖率、回捕率等。

（3）实施水产养殖标准化对接。合作应用健康水产养殖模式和标准，推动对水产养殖向设施化等方向发展。坚持以生态健康育种为重点，加强专业化、规范化建设。通过对优良品种的了解，促进建立具有标准化体系的海水养殖和加工产业，培育具有科技创新、品牌管理和食品安全保障能力的新型渔业管理机构。推动海水养殖与堪察和海水养殖的标准化对接。

（4）开发海水养殖装备设施。针对北方重要冷水性高档优质鱼类红鳍东方鲀、三文鱼、大菱鲆、牙鲆、星鲽等陆基工厂化养殖的需要，集成水质在线监控、精准投喂、病害防控、养殖废水无害化循环利用等技术，开发北方海水鱼类陆基工业化养殖自动控制系统及其重点装备；针对北方水温、海况环境的特点和鱼类的习性，开发智能化离岸型深水网箱及自动投饵、水质监控、海上遥感监测、水下视频监控和灾害报警等智能化养殖设备；针对北方海珍品海洋牧场建设需要，研发水下机器人、水下视频监控、生态化采捕、水环境动态采集及无线传输等设施与设备。建立基于智能化养殖装备的工厂化养殖、深水大网箱养殖及海洋牧场增养殖技术体系，建立产品标准、工艺流程，建立生产线，开展养殖装备的推广和应用示范。

（5）开展海洋牧场合作开发和建造。海洋牧场是以现代科学技术为支撑，以现代管理为手段。近年来，受到世界各国海洋国家的高度重视。中俄海洋牧场合作开发以渔业园区建设为载体，以资源养护增殖为手段，借助中国在海洋牧场开发建设中的技术与经验，在海洋牧场开发模式、开发类型、人工鱼礁建设、鱼类行为驯化等方面展开协作，保护当地海洋生物资源。

（6）建设水产品国际加工集散基地。推进珲春水产品交易平台的建设，建设东北亚（珲春）海鲜大市场，逐步扩大市场交易规模；推动彼得罗巴甫洛夫斯克市水产品深加工发展建设，培育壮大建设捕获水生物资源的深加工企业。加大重点冷链仓储企业的引进力度，鼓励企业采用先进技术和关键装备进行技术改造，重点以生产鱼罐头、鱼粉、快餐食品、营养保健品、美容食品等精深加工产品为主，推进明太鱼、大马哈鱼等加工产品的品牌化建设，进一步延伸产业链条；全面改善平台和环境，大力推进海洋工业园区供热、供电、道路等基础设施建设；逐步扩大中俄互惠贸易区海产品进口，积极协调国家联检部门比照绥芬河方式，对海产品进口数量按全年进境俄罗斯人次予以核销，并积极开展银企对接活动；谋划成立海产加工业产业发展基金，拓宽海产企业融资途径；依托产业园区与资源加大招商引资力度。

6. 海洋物流合作

构建海洋物流出海出关大通道，加大冷链物流配套设施建设，完善海洋冷链物流体系，建设珲春海洋物流中心，整合海洋物流资源，完善海洋物流信息网络体系建设，构建"互联网＋"海洋物流信息化体系。

（1）构建海洋物流出海出关大通道。构建中俄海洋经济走廊出海出关通道，开通海上航线，打通俄罗斯通道和朝鲜通道，以珲春为龙头，形成联通欧美、东南亚、中东，外联日本海、黄海、南海海域的海陆空立体海产品物流运输格局，尽早实现与俄罗斯的跨国陆海联运航线的常态化，利用中俄海洋经济走廊的区位优势，打造海洋物流自由贸易区，实现"商贸＋物流"一体化。

（2）建设珲春物流中心，促进中俄物流互通。从经济角度看，东北地区是属于低成本的海运方式无疑是最经济的。扎鲁比诺海港建成后，不仅东北地区的货物进出口将大大方便，而且东北与华南之间的货物运输也将更加顺畅。依托中俄海上经济走廊，在珲春建立物流中心，建立货源网络，促进中俄物流双向通道。目前，中国、俄罗斯、韩国、日本等国的陆海联运航线均通过扎鲁比诺港中转。这些航线已成为中国在东北地区出海的第二条通道。吉林省还将规划建设一条通往俄罗斯的高速公路，使珲春至扎鲁比诺的通道更加便捷，对于中俄海洋经济走廊的建设具有重要意义。

（3）加大建设冷链物流配套设施，完善冷链物流体系。珲春市在2015年海产品冷链仓储能力达17万吨，2016年开建的东北亚海鲜大市场即将投入使用，与珲春毗邻的朝鲜、俄罗斯海产品资源丰富，使珲春逐渐形成海产品集散市场，因此，亟须拓展冷链仓储规模，加大对冷藏、运输等关键冷链物流环节的基础设施建设改进力度，着力培育一批管理模式先进、潜在实力强的大型冷链物流企业。依托中俄海洋经济走廊的区位优势，政府应该不断对外积极拓展海外的投资市场为中国的中小企业等推广生产线的规模提供资金支持和拓展市场来源。另外，中国绝大多数航运型的新星企业应高度重视物流的重要性，配合实施与完善冷链物流。

（4）整合海洋物流资源，培育国际化海洋物流运作企业。运用有效的海运物流系统，提升航运效率。整合珲春至扎鲁比诺大海港通道上的海洋物流资源，培育国际化海洋物流运作企业，着力提升海洋物流专业水平。

（5）完善海洋物流信息网络体系建设，构建"互联网＋"海洋物流信息化体系。借助"互联网＋"的大数据手段，利用与珲春毗邻的俄罗斯、朝鲜等国的能源、矿产、木材等资源丰富的优势，推进海洋物流行业内的资源整合，实现电商与海洋物流行业之间的联合运作，积极加强政策的支持力度，努力做好跨境电商行业并积极推广，完善海洋物流信息网络体系建设，构建"互联网＋"海洋物流信息化体系的整体运营，推动该地区经济资源的有效性与合理性发展。

7. 海洋环境保护合作

开展中俄边境海洋本地调查及资源环境调查，掌握海洋生态环境主要指标及海洋生物资源存量，为海洋产业开发提供指引，为生态环境保护提供基础数据信息。继续推进中俄边境水域渔业资源增殖放流，探索海洋牧场开发与合作，建设中俄边境海洋环境监测信息平台，创新中俄海洋环境保护合作机制。

（1）开展海洋资源环境调查。对海洋中的生物、地质、物理、化学、地貌、水文气象及其他一些性质的海洋状况进行摸底调查，分析海洋化学、生物、地质等要素的基本特征和变化规律；监测海洋生态环境主要指标，摸清海底地质状况，掌握资源存量、分布范围及丰裕程度；厘清可供开发的航运航道海域状况等。

（2）巩固推进中俄边境水域渔业资源增殖放流。组织建立一个增殖放流协调议事机构，便于了解中俄边境水域渔业资源，协商规划增殖放流相关事宜，做好增殖放流场的选择与论证，共同商讨区域水生生物资源增殖放流数量、范围及品种；加强技术交流与沟通，共同监督选种、育苗、种质鉴定，确保苗种规格迅速适应河流环境，控制鱼源及其质量检验检疫，确保苗木质量安全和水生态安全，加强双方管控合作。为促进鲟鱼的明显释放，应扩大鲟鱼的表观释放率，开展鲑鱼明显释放试验，通过社会标识、跟踪、调查和监测等手段，评价鲟鱼和鲑鱼的增殖和释放效果。

（3）建设中俄边境海洋环境监测信息平台。建立以浮标、飞机、卫星和雷达等立体化监测为手段，大数据集成分析为着眼点的环境监测信息平台。监测领域涉及管辖范围以外海域以及中国所属的海域。监督和检查海洋生态系统的健康状况灾害以及特别监视监测海洋倾废区、度假区、海排污口、入海河口、工程建设区、养殖区及海洋保护区等。

（4）构建中俄海洋环境保护合作机制。中俄海洋环境保护应建立长期的合作机制，扩大合作领域，在海洋环境监测、海洋自然保护区的管理、水生生物增殖放流、海洋牧场开发等领域开展合作，共同致力于海洋环境保护。随着合作的深化和扩大，合作的中心也将逐渐从经济领域向外转型突破。海洋领域的有效合作应该顺应全面战略的目标机制，有利于推动中国与其周边国家合作，大力推动海洋经济可持续协同发展。各国都在为加强海洋环境区域合作的目标而不断奋斗。沿海国也面临着类似的问题就是保护和建立海洋环境机制。保护环境，促进经济整体动态平衡发展，为区域一体化进一步发展提供了更好的平台。近年来，中国加大生态环境保护力度和措施，取得了良好效果。在解决国内环境问题的同时，中国还需要对区域环境承担责任，开拓中国经济发展的战略区域。贯彻中俄海洋产业开发及各类海洋经济活动应不以破坏或损害海洋生态环境为原则，我们应该自觉做到合理利用和开采海洋资源。

（5）推进黑龙江省政府和俄罗斯哈巴罗夫斯克边疆区政府、萨哈林州政府环境保护合作。一是推进黑龙江省政府与哈巴罗夫斯克边区政府的环保合作。签署《黑龙江省人民政府与哈巴罗夫斯克边区政府在环境保护领域开展环境保护合作议定书》；组织开展空气质量联合监测；组织开展地表水生态联合监测，建立和维持共同自然保护区的运行，提高对保护跨界水生态系统和本区域独特的动物、植物的认识，共同努力维护自然保护区的运行，交流绿色以及环境保护产品的科学技术，采用废弃物处理和处置方法，与废弃物处理厂建立合资企业；探索和研究生产组织程序、生态政策和环境保护有关的法律问题并且建立业务联系。二是积极推动和保护黑龙江省政府与萨哈林州政府在环境保护方面的协作。开展生态监测领域协作，积极开展废弃物和生活垃圾处理利用领域合作，交流环境保护领域信息和工作经验。

8. 矿产资源合作

开展矿产资源的联合勘测与开采，完善基础设施建设，建设矿产资源加工产业园区。

（1）开展矿产资源的联合勘测与开采。俄罗斯还有丰富的陆地矿产资源。全国已发现探明矿产2万处左右，其中开发利用率达30%以上。其中，5%的大型和超大型矿床占总储量的5%，储量占总储量的70%，提供了50%的开采量，大部分集中在西伯利亚西部和远东地区。由于开采条件较为恶劣，资金的缺乏，限制了俄罗斯在该地区的矿产资源开采。中方具有较好的资金优势，并在矿产的开采技术上有着丰富的经验，这都为中俄联合勘测与开采提供了条件。

（2）加强基础设施的联合建设。矿产的开采需要一定的基础设施作为保障。目前，俄远东地区的基础设施相对落后。远东地区铁路和公路网存在的问题包括：公路和铁路网长度不足俄罗斯道路总长的10%，使远东联邦区的主要交通干线负荷水平处于临界状态。远东联邦区的9个联邦主体中，有3个联邦主体不通铁路，部分居民点没有可一年四季通车的公路。铺有人工路面的公路密度比俄罗斯平均水平低84.6%。此外，远东联邦区的铁路通行能力弱，影响了其他运输部门的发展效率，特别是港口工作效率。基础设施的落后影响了矿产资源的开采与运输。因此，双方应加强基础设施建设方面的合作。

（3）建设矿产资源加工产业园区。矿产资源加工产业园区是矿产加工企业的空间聚集形式，一方面承接俄罗斯方面的矿产资源，并进行粗加工与深加工；另一方面将矿产品输送至东北乃至全国。

9. 海上油气开采合作

（1）开展海洋油气资源的联合勘测与开采。俄罗斯远东沿岸特别是沿海边疆地区丰富的油气资源为联合开发提供了有利条件。俄罗斯虽然拥有丰富的海洋油气资源，开展地质勘探研究较早，但是与其他先进国家相比，俄罗斯的勘探能力远远不足，海洋地震勘探平均密度只有0.24千米/平方千米。到目前为止，已完成二维地震勘探工作不超过100万千米，三维地震勘探工作量约为6000平方千米，在大陆架上一共打了197口井，钻探深度不超过440千米。在世界海洋上油气资源地震勘探技术方面，俄罗斯的勘探工作效率极为低效和落后，其二维和三维的比例与其他先进国家相比较状况较差（世界二维占41%、三维占59%）。

近年来，中国经济迅速发展。从陆地到海洋已成为中国石油工业转型升级的必然选择。中国在2010年的海洋油气产量突破5000万吨，实现了中国成为世界最大海洋油气生产国的历史性转变。特别是以"981"海上深水钻井平台为代表的一系列高端装备的建成，为我们进一步扩大300万平方千米的蓝色土地奠定了坚实的基础。随着相关技术和装备的快速发展，中俄两国可以在日本海、鄂霍次克海和北冰洋开展海上油气勘探开发合作。双方在海洋油气勘测与开发方面的合作有利于双方优势互补，取长补短，形成"1+1>2"的局面。

（2）推进油气管道的联合建设。中俄在油气管道方面的合作有着较长的历史，尽管合作过程中存在一些波折，但取得了较好的成绩并积累了一些经验。中俄海洋经济走廊的海洋油气合作涉及海洋油气的勘测与开采，也涉及油气的运输，必然涉及管道的建设。

从海洋油气资源分布来看，油气的开采可以经海路运输至俄罗斯的扎鲁比诺。扎鲁比诺港腹地广阔，自然条件优良，港区可长年通航，潮差不明显，现有4个泊位，码头总长650米，水深8.5—10米，可停靠万吨级轮船。该港口距中国吉林省珲春口岸仅60千米。因此，油气管道的建设工程量相对较少，合作的难度相对较低。油气管道的联合建设有利于绑定双方的共同利益，减少因为外部环境变化而带来的变数，是双方合作的重要领域。

（3）建设油气炼化产业园区。油气炼化工业园是为促进油气炼化工业发展而创造的特殊区位环境，是油气炼制企业的空间集聚形式。承担着集聚创新资源、培育油气炼化产业、带动石化相关产业发展、推进城镇化建设等一系列重要任务。油气炼化工业园区可以有效创造集聚动力，通过克服外部负面影响、资源共享，促进相关产业的可持续传播与发展，从而有效地形成产业集群。在俄罗斯远东联邦区萨哈（雅库特）共和国和萨哈林州共同建设聚烯烃生产综合体。在珲春建设油气炼化产业园区，珲春油气炼化产业园区的建设将构建一个中心，一方面承接俄罗斯方面的海洋油气资源，并进行炼化生产；另一方面将油气产品输送至东北乃至全国。

二　未来合作领域

1. 海底稀有矿产勘探合作

国际海底管理局已批准中俄两国在海底勘探开采矿产资源的申请。据初步勘探，东北太平洋的海底断裂带上可能蕴藏有丰富的锰、锌、铜和镍等金属矿，随着北极航线的进一步开发，更多的海底矿产资源可能被发现。俄罗斯有地缘上的优势，中国有大洋深潜探测的优势，中俄联合开发海底矿产资源，双方均有巨大的利益空间。

2. 可燃冰开采合作

中国已成为全球第一个实现在海域可燃冰试开采中获得连续稳定产气的国家，优先抢占了领跑和技术高地。截至目前，全世界直接或间接发现的可燃冰矿点超过200多处，主要分布在世界三大洋的近海海底、大陆冻土带及内陆湖中。中国可燃冰储量十分丰富，中国可燃冰的资源潜力约800亿吨油当量，是中国常规天然气资源量的2倍。中俄可燃冰开采合作具有广阔空间。

3. 渔业捕捞合作

（1）加强渔业资源开发与合作。俄罗斯滨海边疆区渔业协会的企业同珲春乃至中国的渔业企业有多年的合作历史。中国在渔业加工方面经验丰富，俄罗斯有丰富的渔业资源，这为双方的合作奠定了坚实的基础。与珲春毗邻的俄罗斯和朝鲜海产品资源丰富且天然无污染，朝鲜罗先东海150海里水域海产品总量预计有2200万吨，占世界海产养殖总量的4%；俄罗斯远东海域是世界性渔业高产区，年捕鱼量在100万吨左右，占全国的65%，是俄罗斯最重要的捕鱼区。该区域海产品年捕捞量约为400万吨，是中国水产品重要的进口产地。据预测，截至2020年中国从该区域进口的水产品总量将达到150万吨，占俄、朝捕捞量的38%。渔业资源合作开发潜力巨大。中俄渔业捕捞合作开发过程中要本着互利共赢的原则。中方在捕捞渔船升级改造、捕捞渔船维修、废弃渔船作为人工鱼礁投放物的利用方面可给予俄方技术指导与支持。

（2）加强跨境非法捕捞的联合整治。一是加强渔船管理，掌握渔船数量和活动规律。要完善船舶滚动检查机制，把船舶清查工作作为日常基础工作，准确掌握辖区内船舶数量，做到数量清楚、情况清楚，不出现管理漏洞和失控现象。同时，积极开展与各边防部门的联合排查行动，彻底清理非法生产船舶和人员、外来人员和"三无"船，形成严厉打击边防管理的局面。二是提高治水能力，加大攻坚力度。公安边防部队要加强对边境水域的水上管制，定期和不定期进行高密度巡逻，对涉嫌越境捕捞的船舶要尽早发现、防范和攻击，降低越界捕捞的概率。同时，要在跨境捕捞活动高发海域及时开展专项行动，重点打击跨境捕捞活动。三是扩大合作形式，形成联合打击力量，共同打击越界捕捞。

三 促进人文交流

1. 中俄海洋城市合作

推动延边与符拉迪沃斯托克的城市合作,推动珲春与俄罗斯滨海边疆区、哈桑区的城市合作,统筹规划海陆空间,打造生态海洋城市,实施城市科技兴海战略,建立智慧海洋城市。

(1) 推动延边与符拉迪沃斯托克的城市合作。深化两地在商贸物流、旅游观光、特产加工等领域的合作,建立海洋综合效益高、产业竞争能力强、流转系统完善、经济运行安全的海洋城市运行系统,深化海洋城市对接与合作机制建设。推动两地生产要素与资源的优化组合,形成城市繁荣、产业发达、开放性强的互动发展格局。推进延吉、龙井、图们"三市一体化"发展战略,培育区域中心城市,把延龙图建设成为图们江区域重要的物流节点和国际产业合作服务基地,重点抓好区域核心城市延吉与战略节点城市珲春和敦化的建设。

(2) 推动珲春与俄罗斯滨海边疆区哈桑区的城市合作。推动珲春与俄罗斯滨海边疆区的哈桑区在外贸、旅游、文化、医疗等领域的交流合作,促进珲春口岸与克拉斯基诺口岸的商贸往来,构建珲春与哈桑相互依赖、相互联系、协调发展的城市互动格局。推动珲春—哈桑"陆港关一体化",即整合运输资源,整合区域内口岸、港口、道路,免除海关监管,实现两国货物进出口免税,中俄人员和船舶自由出入境,允许第三国人员和货物在区域内自由流动。努力把珲春建设成为国际窗口城市和经济特区。通过珲春与扎鲁比诺港、俄罗斯斯拉夫扬卡港、朝鲜罗津港的合作,努力把珲春建设成为国际窗口城市和经济特区,将珲春打造为中俄海洋经济走廊的节点城市。

(3) 统筹海陆发展空间,打造生态海洋城市。在充分发挥延边与符拉迪沃斯托克、珲春与哈桑区城市合作的基础上,整合海陆要素资源,优化城市海陆空间布局,构建两地海陆联动发展的桥梁和纽带,为海洋城市的发展打下坚实的基础。健全海洋城市空间和资源规划体系,充分发挥规划、区划的统筹协调作用。

(4) 实施科技兴海战略,打造智慧海洋城市。以铁路、公路、港口、机场、能源系统建设为重点,推进数字海洋建设和服务。建立海洋观测和信息交流体系,加强海洋防灾减灾体系建设。加强海上执法能力建设,推进海上通道安全合作,提高海上通道安全维护能力。加强海洋科技创新,提高海岸带智能化管理能力,提高海洋资源勘探开发、海岸带和海洋生态环境保护的技术水平,提高对海洋资源环境变化规律的认识,使海洋开发利用的规模和强度与海洋资源环境承载能力相适应。

2. 海洋文化合作

培育特色鲜明的海洋文化产业,促进海洋文化资源的开发与利用,建立以海洋生态价值为导向的海洋文化价值观,合作开发海洋文化产业基地。

(1) 培育特色海洋文化产业。一是培育海洋文化旅游产业。要积极培育大型海洋旅游文化企业,推动整个海洋旅游文化产业的集团化生产和规模化经营,提升海洋旅游文化产业竞争力。要形成合理的空间网络体系,必须构建合理的海洋旅游文化产业区域布局,有效利用空间合作,加强区域间的相互合作。根据功能定位和开发利用方向,建设特色旅游板块,如滨海观光旅游、海滨休闲度假旅游、海洋民俗文化体验游、海岛探险旅游、海洋科技旅游等,实现由单一的观赏型产品向多层次、多种类的产品转变。通过海洋休闲旅游、海洋节庆会展游以及海洋文艺展演游等丰富的表现形式,促使海洋旅游文化产品的结构升级,满足消费者休闲娱乐、体育运动、文化体验、审美情趣等不同的消费喜好。积极延伸产业链,通过旅游、娱乐、度假等不同旅游项目的设置,促进交通、商业、餐饮、娱乐等产业发展,促进海洋旅游产业与相关产业多元协调发展。二是培育渔业养殖产业。海洋渔业文化是渔民在所生活的海洋环境中经过社会实践的产物,一切涉及生产、生活的社会实践活动的产物,包括以唱渔歌为代表的民俗文化、以渔节会为代表的节日文化、以造船织网为代表的生产文化、以渔村组织为代表的组织文化、以传统民间信仰为代表的观念文化以及其他文化。通过治理与

第六章 制度实施机制

发展保留当地特色水产品、渔业生产、渔村风情、渔民生活等多种以渔业为主的文化资源，提高消费者的参与度和体验度，集科普、生产、加工、销售、观光、试用、体验、娱乐等于一体的渔业文化产业，三是培育海洋节庆会展产业。扶持大型会展企业的发展，鼓励创办新的会展企业和会展业服务机构，鼓励通过合资、合作、参股、控股等形式，组建一批规模大、竞争力强的会展企业；支持大型的会展企业参与国际市场，扩大与俄罗斯会展业界的交流和合作，以海洋文化产业资源为基础，打造特色品牌节庆会展，充分挖掘自身的文化产业资源优势和海洋文化产业优势，努力培育具有特色和发展潜力的会展和节庆品牌。

（2）促进海洋文化资源开发利用。海洋文化产业资源的开发要始终以文化价值的强化为前提。文化产业资源的转化虽然取决于产业化和市场化，但是文化产业资源转化的核心是文化内涵。一方面要保护和尊重自身内在的文化价值，注重文化的进一步丰富和发展；另一方面要合理开发资源。也就是说，在开发过程中，要采取审慎的态度，考虑海洋文化产业资源的地位和规律，开发利用资源，将海洋文化产业资源的开发同国际信息、科技与文化交流结合起来。文化产业资源国际化的基础是国际分工与协作，中国海洋文化产品的生产应吸收和借鉴俄罗斯发展海洋文化产业的经验，探索与俄罗斯海洋文化资源开发合作的模式，不断增强海洋文化产业资源的转化能力和竞争力。

（3）建立海洋生态文化价值观。要从根本上改变人对海洋肆意索取的格局，要以新的海洋价值观、规则、发展理念和制度重塑人与海的和谐关系，打造海洋生态保护责任感与有效开发利用海洋权利意识相结合的海洋文化精神。加强传播海洋生态价值观的意义，可以海护海的海洋文化作为传承。海洋文化的所有项目，包括海洋文学艺术、港航文化、渔业文化、海洋旅游休闲文化等都要体现海洋生态意识，践行和传播绿色生活方式。海洋文化从物质层面、精神层面、制度层面、文化层面等都要体现海洋生态意识，构建人与海和谐共处的文化模式。

（4）建设海洋文化产业基地。建设珲春市敬信镇五家湖海洋文化产业基地、俄罗斯滨海边疆区哈桑镇厄克斯别青海湾海洋文化产业基地。海洋文化产业基地建设应整体规划。通过海洋文化产业基地建设促进相关产业联动发展。海洋文化产业是一个关联度高、驱动力强的产业。它与各经济社会部门，特别是与海洋相关的产业密切相关。这种联动关系不仅可以使海洋文化产业创造自身价值，还能带动相关产业的可持续发展。譬如，通过海洋旅游产业带动相关娱乐设施、餐饮业和酒店等产品和服务市场的兴旺繁荣；通过海洋节庆会展业带动交通、旅游等相关产业的发展。要继续增强海洋文化产业基地的创新研究能力，积极顺应信息时代和高新技术发展的趋势，以开发海洋文化产业新项目为重点通过高新技术手段，努力提高海洋文化产业的科技含量，为海洋文化产业的创新营造坚实的技术基础。

第四节 冲突与利益协调

一 利益冲突

随着俄罗斯在北极地区军事部署逐步加快，北极其他国家也纷纷强化在北极地区的军事存在。奥巴马时期的美国，相继颁布了《北极地区国家战略》《海岸警卫队北极战略》《国防部北极战略》等政策文件，不断加大对北极的军事投入，积极联合北极地区的其他国家，举行"联合勇士""冰点""寒冷反应"等军事演习，以应对来自俄罗斯的军事威胁。此外，加拿大、挪威、丹麦等北极国家，或组建北极部队，或将北极地区纳入其国防战略，或频繁举行军事演习以宣示主权。虽然各国在北极地区爆发大规模冲突的可能性不大，但北极军事化趋势的不断加强，势必会加剧地区紧张，进而影响北极航道的开辟以及北极资源的正常开发。

北极航道的开发涉及地区的国家利益和人类的共同利益。这一矛盾还包括：西北航道和北海航道的某些区域属于内水还是国际海峡，加拿大和俄罗斯与世界主要航运国在航道的法律地位上存在争议。北极国家或地区过度的经济发展或无环境发展，可能使当地人民从发展中受益，但发展的代价和不良后果，特别是生态和气候的恶化，将影响整个世界。

俄罗斯与加拿大曾提出以扇形原则划分北极地区海域，遭到了其他北极国家的强烈反对。2001年，俄罗斯首次向联合国提出了对北极大陆架拥有主权的申请，但被联合国以证据不足为由予以驳回。2007年，俄罗斯在北极点海底插上了俄罗斯国旗，此举引发北极国家对北极地区新一轮的争夺。2015年，俄罗斯再度向联合国提交了申请，但仍未被批准。这就意味着俄罗斯所声称的北极海洋领土与国际社会所承认的海洋国土存在一定的差异，中俄在推进北极航道开发、资源勘探等项目时，应回避有争议的区域，特别是在资源开发层面，极易受到来自北极其他国家的反对。

对加拿大来说，其战略的主观驱动力不仅是经济利益的考虑，更是将原住群体参与决策，以促进战略实施的效果，并把改善北方居民生活作为其北极事务的核心。因此，在北极战略中，它特别注重增强民族认同和促进民族团结。通过权力下放和自治，北部地区可以参与政治决策，加强与原住民部落领导人建立良好的伙伴关系，并确保相关战略的执行。由于丹麦并不属于北冰洋地区，所以其北极战略主要围绕丹麦王国的两个自治领土格陵兰岛和法罗群岛制定。对于丹麦来说科学研究的重点是气候变化对当地居民生活的影响。区域经济的可持续发展是北极战略尤为重视的，因此丹麦更加注重对生态环境的保护，开展有限的合作与开发。其最终目的是打造客观环境通过跨国合作来实现。

挪威北极战略更重视要通过技术创新和科学研究开发，拓宽北极资源利用的领域，推进巴伦支海与其他海洋石油勘探的开发和组织，管理相关流程采用的是配额制度，科学精准计算，合理有效地拓宽了勘探范围。对于挪威来说资源开发是主观战略驱动力，但其实现路径并不是合作开发或是单一开发，而是特别重视对北极石油勘探活动开发的知识基础。

挪威和丹麦战略的客观推动力也集中在气候变化上。渔业在挪威的支柱产业中占据主导地位。北极圈的巴伦支海域是挪威渔场的主要集中地。由于具有北极独特的冰区特征，因此气候变化对于北极来说有特殊的影响。这种效应与鱼类生存温度的提高有密不可分的联系。北极冰的加速融化导致海盐含量集聚下降、海流和海浪产生变化、海水中含氧量增大以及海洋地理环境发生变化。因此，挪威在北极战略中一直非常重视保护生态系统平衡和渔业资源的可持续利用。

二 利益协调

在此框架下，水文地质、大陆架和自然环境等领域的沟通从未止步。巴伦支海欧洲北极理事会成员在2013年举行了总理级会议，其主要内容是纪念该组织成立20周年。这个组织是一个具有有效性和带有罕见特色的北欧联合组织机构。萨哈共和国在2011年被首次任命为北极地区组织北方论坛轮值主席，而且做了大量的有目的性和针对性的工作。北极理事会于1996年成立，是一个高级别政府间论坛，是一个以北极地区国际多边合作为中心的组织机构，其主要目标是加强北极国家之间的交流、协作和配合。随着时间的推移，北极理事会也在不断扩大，具有更高权威的正式国际组织的特征。在科学领域的引领下，实施了一系列大型现代化建设项目，制定了首批两个泛北极强制性的法律文件，建立了第一个联合资助的环保项目支持机构。董事会在2013年成立了第一个预算秘书处。尽管可持续发展和保护自然环境是北极理事会仅处理的两个主要问题，但事实上，它所管理的范围涉及广泛，理事会在针对北极问题方面总能迅速反应。成员国已就逐渐实现的强制性决议和安全理事会通过的政治建议达成一致，首先是签署新的多边协定和对机制的研究。2013—2015年由加拿大担任理事会主席，其间，加拿大卫生部和北方经济行为体在北极地区的项目存在工程灾害、技术及紧急情况的风险。这一领域的合作已成为整个北极地区国际合作的动力之一。

第六章
制度实施机制

在俄罗斯的提议下，北极理事会批准了一个为北极经济和基础设施项目建立安全体系的框架项目，并且此次项目取得切实性进展。在2011年签署了第一份北极强制性法律。2011—2012年，美国、挪威和俄罗斯签署了第二份北极文件《北冰洋石油污染防治与应对合作协议》。俄罗斯的紧急事务部负责这项工作并且发挥了积极作用。充分证明北极国家对北极安全有着强烈的责任感和使命感。

近几年来，在可持续发展领域中的国际合作相当活跃。编写了国际集体研究报告，其设计领域是有关经济趋势和北极社会的，其包含一份关于北极人体健康测量趋势的报告以及《北极战略经济研究计划》。人们开始重视北方的社会责任。比如，俄罗斯长期实行的"北极电子记忆"工程，发展了北方人民的历史、文化、地理、经济、民族文化数字化，建成一个全北极通用的在线图书馆、博物馆。任命北极理事会部长兼特别部长莱昂娜·阿鲁卡为理事会轮值主席，彰显了北极理事会的重要性。该理事会是一个特殊的国际论坛，当地人民协会同其成员国一样，有权参加理事会在各级的活动，尽管它们没有投票权，但是可以充分利用这一权利参与大多数问题的讨论。另外，对北极旅游业的兴趣也在增长，这是另一个潜在的国际合作新领域。

北极农业发展和保护极地生态系统之间保持合理的平衡仍是最为首要的任务。交通运输是北极地区社会经济发展的重要组成部分，交通运输的发展对各方都有利。据了解，目前仍有许多领域的国际合作具有发展前景。2008年以来，俄罗斯为适应新的历史条件实施或更新了区域战略，其他北极国家也制定了符合自己领域的区域战略。我们在北极地区有很多共同的任务：利用新发现的经济资源；保护主权完整；为北极地区的发展提供必要的国家援助与支持；在经济迅速发展的情况下保持生态平衡；强化对北极的科学领域研究，为国家采取相应对策提供理论依据。北极国家意识到，只有通过与该地区其他伙伴的相互合作与密切配合，才能实现其在北极的国家利益最大化。

第七章

制度实施路径与保障

"冰上丝绸之路"合作存在不同的利益冲突和利益诉求,这种冲突经常出现在公众和政府之间,需要大量的公共"对话"。本章主要论述"冰上丝绸之路"合作制度的实施路径、保障措施与合作机制的建构,通过政治动员、对话协商促进"冰上丝绸之路"合作的顺利进行。

第一节 公共价值观与社会理性

一 弘扬公共价值观

"一带一路"是促进共同发展、实现共同繁荣的合作共赢之路,是增进理解信任、加强全方位交流的和平友谊之路。[①] 中国政府倡议,秉持和平合作、开放包容、互学互鉴、互利共赢的理念,全方位推进"冰上丝绸之路"务实合作,打造政治互信、经济融合、文化包容的北极命运共同体和责任共同体。[②] 对于全球经济治理,习近平指出,各国要加强沟通和协调,照顾彼此利益关切,共商规

---

① 《共建"一带一路" 共创美好未来》,http://theory.people.com.cn。
② 《重温习近平"一带一路"金句:和平合作、开放包容、互学互鉴、互利共赢》,http://politics.people.com.cn。

则，共建机制，共迎挑战。全球经济治理应该以共享为目标，提倡所有人参与，所有人受益。①

北极命运共同体构建理念以北极域内外国家在北极治理问题的共同观念为基础，实现从功能性合作向制度性合作的纵向发展，以及从板块式向整体式的横向融合，达成共建共享、合作共赢的共识。在新时期新形势下，中国致力于积极务实地推进北极合作，提出新的理念和主张：构建"北极命运共同体"，这有助于打破北极"圈内"和"圈外"的身份认知惯性，有助于通过寻求制度化方案和共识性举措，长效管控北极地区权力化、利益化和安全化的过度倾向。因此，表明了中国坚持走共同发展、共同繁荣的北极合作之路的决心和信心，旨在为北极地区持久和平奠定牢固的制度合作基础。

由于气候恶劣、交通不便等因素，北极地区居民少，经济发展缓慢，大部分经济发展主要依靠当地丰富的自然资源。"冰上丝绸之路"的建设，将大规模带动北冰洋沿岸港口、冰区船舶、仓库、道路、管道、炼油基地等基础设施建设，同时会大幅度增加专用破冰船、抗冰船的订单，为北极地区带来更多投资和贸易机会。

在促进北极地区经济发展的同时，还要保护当地的生态环境。如果开发利用不当，其生态系统将会遭受致命的打击，同时也将严重破坏全球的生态环境。航行安全是"冰上丝绸之路"建设中的一个重要问题，船舶事故不但会造成重大的人员和财产损失，还会对北极水域造成严重环境污染，危害北极的生态环境。这需要建立有效的国际协调机制和有效的法律、法规对北极海域及其周边地区的环境进行保护，减少人类活动对北极生态系统的破坏，实现北极地区的可持续发展。

---

① 《习近平总书记的全球治理思想》，http://theory.people.com.cn。

◇ "冰上丝绸之路"合作制度设计

二 树立正确义利观

2013年3月,习近平访问非洲时提出了正确义利观:① 强调要加强同发展中国家的团结合作。此后,习近平在不同场合反复阐述正确义利观的内涵,成为中国外交的高频词汇,其内涵也不断丰富和完善。②

正确义利观的提出顺应了命运共同体建设的时代需求。如今,人类社会又到了十字路口,世界将走向何方成为一个必须要面对的问题。在涉及人类前途命运的问题上,中国为世界发展和人类进步提供了中国方案:提出建设人类命运共同体,这是全人类的共同事业,需要各方共同参与。而如何处理好利益和道德的关系,是每个国家不可回避的问题。作为一个崛起中的大国,中国的一举一动都备受世界关注,这一观点的提出明确了中国外交的价值取向,表明了中国将以什么理念参与到人类命运共同体的建设当中。正确义利观的核心价值观是在建设人类命运共同体的过程中,每个国家除了考虑自身的利益,还要考虑对国际社会和其他国家的责任,除了谋求本国的发展,也要考虑其他国家的合理关切,更要对人类共同发展做出贡献。只有这样,我们才能一起应对各种各样的全球性挑战,才能实现建设人类命运共同体的伟大目标。正确义利观不仅为新时期的中国外交提供了行动指南,也将中国的价值理念传播到全世界,为处理国际关系提供了新的指导思想,为人类命运共同体建设注入了新的动力。

在"冰上丝绸之路"建设中,由于缺乏有效的国际组织对其进行管理,各国之间不可避免地存在利益冲突。"冰上丝绸之路"建设需要科学技术支撑、经济保障和政治合作,为了实现北极航线利益的全球共享,各国政府需要通力合作。

---

① 正确义利观是习近平总书记于2013年3月在访非期间提出并于党的十八大以后确立的治国方针理论。

② 《习近平主席今年首次出访,这个理念值得重温》,http://politics.people.com.cn。

三 彰显社会理性

与其他在北极地区有利益诉求的国际行为体一样,中国也是北极利益链的组成部分,彼此之间的利益交融形成了共同的利益关切,并塑造出同为北极利益攸关方的共有身份以及共同的责任。这种共同的责任体现在所有北极利益攸关方在合理谋求北极利益的同时,肩负着保护当地生态环境的共同责任,尤其是碳减排和极地航运污染防治领域。在这种身份认知下,建设和平稳定的北极就是承载各国共同北极利益的基石,各国必然采取有利于北极总体发展的措施,在维护自身利益的同时,妥善处理利益分歧,促进共同利益的扩大。

和平与发展既是中国实现国家富强的理论指导,也是推动"冰上丝绸之路"合作的需要。当前北极地区不仅存在局部安全形势紧张的风险,而且一些北极国家之间也存在互信赤字等问题。中国作为联合国安理会常任理事国,有责任维护北极地区的和平与稳定。

中国作为北极和平的建设者,积极倡导"共存共建"原则。共存是指北极域内外国家作为一个整体而存在,彼此包容而非排斥。共建是指北极的未来应该由域内外国家共同建设。中国作为北极和平的建设者坚定支持在《联合国宪章》精神的指导下化解北极地区的冲突风险,按照相关国际法妥善处理各利益攸关方之间的利益分歧;在北极地区国际组织等多边平台上,积极宣传中国和平发展道路的理论和成果,化解各种质疑中国和平参与北极事务的不谐之音。

中国参与"冰上丝绸之路"的前提是维护北极国家主导的北极治理秩序,以及遵守国际规范为行动基础。北极地区的人类实践活动,都应以"人类共同利益"为出发点,实现共赢共享。共赢是指北极利益攸关方在共同参与北极治理的过程中互利互惠,实现共同利益,共同享有北极善治所带来的收益。北极治理已经将各利益攸关方紧密联系在一起,唯有将各方的地缘毗邻优势、政治经济优势转化为确实的可持续合作动力,才能扩大共同利益,打造北极利益共同体。

中国作为北极繁荣的贡献者，应坚持"共赢共享"的理念，将中国的发展成就惠及北极人民和其他利益攸关方。一是坚持可持续发展理念，不但要实现当代人的整体利益，还要兼顾子孙后代的共同利益，不仅要发掘北极的资源潜力，还要考虑北极生态环境的承载力。二是坚持与其他北极利益攸关方进行平等协商，实现共同利益最大化。三是倡导民主与开放理念，为不同利益攸关方平等参与北极治理规范构建提供机制保障。四是倡导多方共建"冰上丝绸之路"，在北极基础设施与信息化建设领域做出中国贡献。

作为一个发展中大国，中国应从北极生态系统的整体影响出发，强调北极治理责任的共同性，各利益攸关方不论强弱，都具有保护和改善北极生态环境、促进北极可持续发展的责任。在正确义利观的指导下，处理好本国利益与其他北极利益攸关方共同利益的关系，树立负责任的北极利益攸关方的优质形象，通过与北极国家进行平等协商与合作，实现优势互补、责任共担。

第二节　政治动员

"冰上丝绸之路"建设面临诸多挑战，包括北极地区地缘政治形势日益严峻、港口物流保障能力不足、通航需要的信息技术不够全面、装备保障能力不足、建设中的资金支持以及投资风险等。因此需要各国之间增强政治互信，推动集体行动的有效、有序实施。

一　推进中俄海洋合作

1. 建立中国东北协同开放机制

中国东北地区要加快融入"一带一路"，进一步开发开放，促进优势资源整合，推动与"冰上丝绸之路"沿线重要节点区域全方位接轨。李铁（2018）提出，以中国"东北振兴"和俄罗斯"远东开发"联动发展为重点，通过"东北先行，点上突破"逐步推进

"冰上丝绸之路"建设。① 中国东北地区装备制造、能源、资源、原材料等产业集聚水平较高,实体经济发展基础雄厚。与俄罗斯远东地区相比,比较优势明显。中国东北地区要对标高标准国际经贸规则,建好黑龙江自贸试验区、辽宁自贸试验区和吉林珲春海洋经济示范城市,推动东北经济一体化发展。要建立东北地区港口、道路、区域合理分工、协同发展的创新模式,建立高层协作机制,取长补短、统筹发展。改革大连仲裁委员会体制机制,建立大连国际仲裁院,打造辐射和服务于东北亚的国际化仲裁中心,结合大连东北亚中心城市建设的愿景规划,营造法治化营商环境。

加快中国东北地区国际物流体系建设。东北地区要进一步提高基础设施建设水平,加快建设面向"冰上丝绸之路"、辐射东北亚、承接欧洲腹地及北美地区的陆海空立体大通道。辽宁省要充分发挥大连作为东北亚国际航运中心的作用,推动海洋交通运输业的发展。吉林省应积极加强与俄罗斯和朝鲜合作,推进和拓展图们江地区借港出海,建设珲春海洋物流中心,推进图们江三角洲国际物网建设。黑龙江省满洲里、绥芬河口岸是中国内陆最活跃的对外口岸,与西伯利亚铁路直接相连。内蒙古东四盟与蒙古国口岸相连,可形成新的连接东北的陆路通道。要以哈尔滨到大连铁路为主干线,整合东北物流渠道,建立东北工业与物流运输走廊,直接连通北冰洋航线。构建海洋物流出海出关大通道,加快实施东北港口利用北极航道的试运行,为东北融入"一带一路"建立一条更加安全、经济、高效、环保的蓝色通道。

2. 促进中俄海洋产业合作

一是促进海洋油气、矿产资源开发合作。开展海洋油气资源联合勘测与开采,推进油气管道建设,联合开展石油化工新技术与高端产品的研发合作,联合建设珲春石油化工产业园区,开展矿产资

---

① 李铁:《发挥东北区域优势加快推进"冰上丝绸之路"建设》,《太平洋学报》2018年第12期。

源的联合勘测与开采，建设矿产加工产业园区。二是拓展滨海旅游合作。打造集免税购物、旅游观光、休闲渔业、边境贸易为一体的滨海旅游经济带，培育极地旅游项目。三是开展海洋渔业合作。俄罗斯远东海域渔业资源丰富，中俄可在渔业资源调查、海洋捕捞、水产品加工、水产品贸易等领域广泛开展合作。四是探索海底稀有矿产勘探、可燃冰开采、修船、造船等领域的深度合作。

3. 推动中俄科技合作

北极航线的全面开通，不仅需要气候、环境、科考活动、航运数据等方面的科学考察，而且需要先进的技术支持。俄罗斯对于北极地区的科考活动一直处于领先地位，北方海航线全面开通后，俄罗斯必将发挥重要影响。在极地技术方面，中国要与俄罗斯加强合作。中国可利用北斗通信导航系统为"冰上丝绸之路"建设提供通信服务，以不断发射组网的"吉林一号"遥感卫星星座体系为例，可为北冰洋区域提供每十分钟一次的扫描图像信息，为航行提供精准的海情、冰情与气候预报。导入中国的5G技术，可解决航行船只的稳定即时通信问题，并建立海陆空多维联动的航行安全体系。此外，中国大连有中国北方重要的船舶及海洋工程装备制造产业集聚区，可在破冰船制造、极地海洋工程装备领域提供技术支持。

二 推进环日本海国家合作

1. 构筑日本海区域合作共生机制

建立环日本海地区经常性沟通协调机制，通过共同工程项目、科研项目等推进务实合作。以经济合作为纽带，建立政府间、地域间、城市间、企业间等多方位合作机制，协调利益关系。以信息交流为基础，在海洋资源合作开发、技术创新、保护环境、经济贸易合作往来、金融保险、城市建设、海洋人文交流等领域建立信息交流与共享机制，推动环日本海地区的繁荣与稳定。日本为了提高北极的研究效率，共享其研究机构和科研人员手中所掌握的资料，为建立资料共享国际组织起到了极大的推动作用。

第七章 制度实施路径与保障

2. 促进中、日、韩北极理事会观察员之间的对话协商

中、日、韩三国同为北极理事会观察成员国，在推动"冰上丝绸之路"建设中均有开发北极运输通道，扩大本国对外贸易的共同愿望。韩国希望其"新北方政策"能够与中国、俄罗斯远东地区连接，利用远东和北极资源，促进韩国外向型经济发展。韩国提议将俄罗斯沿海的北海航线与拟议中的俄罗斯通往朝鲜半岛的油气管道和铁路结合起来。中俄北极航道建设方案引起了日本的高度关注。日本认为，俄罗斯海岸外的北极航线将会获得巨大经济利益，具有重大安全意义。因此，日本要积极主动参与北极航线新规则的制定。在此背景下，日本加强与俄罗斯方面的对话。围绕着北极航道的开发，日本企业尝试与中国企业的合作，尝试与中俄两国开展北极航道和油气资源开发的合作。2018年6月，日本与中韩两国就北极开发在中国（上海）举行第三次高级别对话，发表了共同声明，并达成在韩国举办第四次会议的决定。在"冰上丝绸之路"建设方面，中、日、韩三国有着共同的合作追求，应构筑紧密的国际合作关系。

3. 建立日本海国际经济共同体

以跨日本海航线的开通为前提，建立连接东北亚各国的跨日本海亚欧大陆桥，形成高效的陆海联动式东北亚物流网。目前，日本海区域已经形成了多方位多层次的经济合作组织与体制，如 GTI、中韩 FTA、TPP－11 等，有的合作体制与协议正在进行中。为进一步加强日本海周边国家间的经济交流与合作，各国应在经贸、能源、物流、旅游以及科技、环保等领域开展全面合作。推进中日韩自贸区建设，建立综合保税区，予以税收、通关、货币结算、金融、人才等方面优惠政策支持。

三　推进北极国际合作

1. 参与北极环境保护与治理

近年来，北极冰川融化等环境问题越来越严重，加强北极地区的环境保护已刻不容缓。中国作为全球气候变化《巴黎协定》缔约方之一，在全球气候环境保护与治理等领域承担着不可推卸的责任。在"冰上丝绸之路"建设中，我们既要尊重北极沿岸国家的环保法，又要着力推进北极地区的区域国际环境保护法的制定，寻求同其他国家加强合作，加强对海洋污染物的监管力度，切实保护北极海洋生态环境。

2. 促进北极航运合作开展

积极开展北极航线试航，对于东北航道，应继续扩大中国商船常态化通航规模，对于开发条件尚不理想且存在航道法律争议的西北航道，中国可优先选择依托科考船开展试航，待获得较为充足可靠的航行数据资料后，再逐步开展商业试航。在开展北极航道航行试验的过程中，中国要重视加强同欧洲国家、日本、韩国等非北极国家的合作，学习和利用他国先进的航行技术，加强航道信息、航行资料的获取，增强抵御北极航道严酷的自然环境能力。要提升极地船舶制造技术，加强材料制造加工、基础试验和船舶制造等关键技术研究，在船舶设计等方面加强自主研发，为发展北极航运提供坚强的装备保障。

3. 加强科技交流合作

中国要在海洋资源调查监测评价、海洋生态保护修复、海洋观测预报等方面加强与北极国家的合作，掌握"冰上丝绸之路"建设重要支点港口建设区的水深条件、底质类型、潮汐、海雾、海冰等基础数据。共建北斗卫星导航基站，提升中国科技标准在北极国家内部的认可度。积极选派科学家参加北极理事会各类学术会议，提升中国科技型提案的数量与质量，增强中国的国际影响力。

4. 积极与北极原住民组织合作

根据北极原住民组织的政治影响力，中国应重点发展与萨米人和因纽特人的合作，获取原住民组织对中国参与北极事务的理解与支持。在北冰洋暖化背景下关切北极原住民权益保护与文化传承；关切因纽特人在北极圈理事会的议题与提案；关切北极气候环境变化及资源开发对原住民生活的影响。尊重北极原住民组织在北极治理中的参与权以及对土地的拥有权，与其建立适当的协商与沟通机制；尊重其参与国际规范构建过程的权利，对关乎原住民切身利益的提案予以支持。

第三节 对话、决策与合作机制

从北极区域治理的政策演进以及组织建构来看，对于利益冲突和区域矛盾的化解确实揭示了不同行动者团体对于"好的"政策应如何构建的不同想法，以及对决策方式的选择。尽管大多数决策者都习惯于决策的技术专家方式，但是，还有一些有意义的方法和一些不同的惯例值得考虑。

一 促进对话协商

通过对话协商可以降低制度的运行成本。对话是在矛盾发生后表明各自立场态度的一种信息披露，通过协商找到解决矛盾冲突的均衡点。

2013年3月，习近平主席在莫斯科国际关系学院发表重要讲话时呼吁各国共同推动建立以合作共赢为核心的新型国际关系。坚持以平等为基础、以开放为导向、以合作为动力、以共享为目标的全球经济治理观，倡导构建金融、贸易投资、能源、发展四大治理格局。[1] 在2016年9月成功举办的G20杭州峰会上，中国政府首次全面阐释中国的全球经济治理观，首次把创新作为核心成果，首次把发展议题置于全球宏观政策协调的突出位置，首次形成全球多边投资规则框架。[2] 党的十八大报告明确提出，要"加强同世界各国交流合作，推动全球治理机制变革"和"坚持权利和义务相平衡，积极参与全球经济治理"。[3]

（1）坚持合作共赢的新型国际关系理念。打造人类命运共同体

---

[1]《国家主席习近平在莫斯科国际关系学院的演讲》（全文），http://www.gov.cn。
[2]《习近平总书记的全球治理思想》，http://theory.people.com.cn。
[3]《推动全球治理体制更加公正合理》，http://theory.people.com.cn。

◇ "冰上丝绸之路" 合作制度设计

离不开以合作共赢为核心的新型国际关系的构建,建立平等相待、互商互谅的伙伴关系也是人类命运共同体的一项重要内涵。合作共赢的基本原则和互商互谅的伙伴关系构建,为全球安全治理的主体之间解决源于利益冲突的矛盾与分歧指明了方向和道路。在人类命运共同体理念之下,"应该将全球治理理解为一种多边参与、协商、合作的过程,是争取共赢的过程而非'零和'模式"。为构建新型国际关系、打造人类命运共同体,各国需要在安全关系中以合作取代对抗,以共赢取代独占,摒弃你输我赢、你失我得的零和博弈思维,通过对全球合作治理,实现互惠互利、共同获益。①

(2) 坚持"共同、综合、合作、可持续"的新安全观。这种新安全观是人类命运共同体理念在国际安全领域的映射。在2014年召开的亚洲相互协作与信任措施会议第四次峰会上,习近平主席提出了包含共同安全、综合安全、合作安全和可持续安全的亚洲新安全观。② 党的十八大以来,以习近平同志为核心的党中央在国际安全问题上一直秉持新的安全观念,习近平总书记强调要"既重视自身安全,又重视共同安全",主张"尊重和保障每一个国家的安全。不能一个国家安全而其他国家不安全,一部分国家安全而另一部分国家不安全,更不能牺牲别国安全谋求自身所谓绝对安全"。共同、综合、合作、可持续安全的新观念,呼吁各国走共建共享共赢的安全之路,有利于各国合作应对全球安全问题,增加安全治理的供给,推进全球安全治理的发展,维护世界和平与共同安全。③

(3) 全球性挑战需要各国一起合作来应对。随着全球性挑战越来越多,加强全球治理、推进治理体制变革已是大势所趋。习近平主席在接受美国《华尔街日报》的采访时强调,全球治理体系是由

---

① 《构建以合作共赢为核心的新型国际关系——对"21世纪国际关系向何处去"的中国答案》,http://theory.people.com.cn。
② 《中央国家安全委员会第一次会议召开 习近平发表重要讲话》,http://www.gov.cn。
③ 《总体国家安全观与"共同安全"》,http://www.xinhuanet.com。

全球共建共享，不可能由哪一个国家独自掌握。维护世界和平，促进共同发展，不仅需要各国间的通力合作，而且需要切实有效的国际制度体系。① 应加强与相关国家在全球安全事务上的交流、协商与合作，采取积极举措，在人类命运共同体理念下深入推进各类安全议题上的利益协调与安全合作，构建全方位、多层次、跨领域的合作网络，在此基础上推动安全机制的建设，提高安全机制的制度化程度。只有形成制度化的安全治理体系，方能更加有效地保障全球安全领域的可持续安全。

（4）观念的转变和利益的协调，进而推动国际安全合作。通过这些制度性安排，各治理主体可以实现对话、协商与合作，从而消除安全威胁，维护国际和平。积极推动全球安全治理的机制构建和制度化发展，有利于各国应对共同面临的安全威胁，实现对地区冲突的有效预防和管控，保障国际持久和平与地区可持续安全。

（5）要构建安全领域的战略互信。治理主体之间的相互信任是全球安全治理的重要保障。当前许多国家间的战略互信相对缺失，存在互不信任，乃至相互猜疑和恐惧。互信的缺失对全球安全治理具有极大的负面效应。中国应积极展开同其他国家的战略对话，深化互信机制和信任措施建设合作，通过交往密度的增加和理解沟通的深化，消除彼此间的战略猜忌。在对话与协商的基础上，中国还需要推动国家间安全互信机制构建，践行新安全观，通过良性的安全互动，长效增进战略互信，减少分歧，增进理解与信任，消解彼此的疑虑与担忧，从而减少摩擦和对抗，弱化乃至消解国际安全困境。

人类命运共同体理念有着丰富的安全内涵，它坚持共建共享，建设一个普遍安全的世界，主张营造公道正义，倡导综合、共同、合作、可持续的新安全观。全球安全治理体系的发展、改革与完善，应成为人类命运共同体建设的有机组成部分。在人类命运共同

---

① 《习近平接受美国〈华尔街日报〉书面采访引起国际社会积极反响》，http：//www.xinhuanet.com。

体架构下，中国应积极参与全球安全治理，加强在安全问题上的协调与合作，推动安全治理体系的完善和安全治理能力的提高，在安全治理中发挥更大的建设性作用。通过有效的安全治理，消除全球和地区安全的不确定因素，实现对国际安全风险的及时管控和有效治理，从而保障本国安全利益的实现和全球安全秩序的稳定。[①]

二　完善保障制度

1. 技术保障

（1）突破极地破冰船技术及船舶极地航行防冻技术。北冰洋地处高纬、高寒地带，低温气候对船舶航行提出很高的防冻技术要求。需要有先进的破冰船技术，船体材料的防冻技术，保证在环境温度剧变的情况下还可保持船体的稳定性，使防冻措施做到位，保证正常航行，降低海上事故的发生。船员也要做好防冻措施，否则有生命危险。船上运载的货物也需要进行防冻保护措施。北极航行船舶用的燃油也需要做防冻处理，保证正常行驶。

（2）推动全球卫星导航系统与地理信息系统在北极开发中的应用。海上航行使用罗盘判断方向，但是在北极，地磁场方向几乎是向上的，导致罗盘无法使用，只能使用 GPS、北斗等全球卫星导航系统。因此，开发先进的适应极地气候的导航系统很有必要，尽可能做到缩短到达时间，也要方便船员使用，降低疲劳度。船舶航行需要详细的水文和海图资料，另外船队之间以及与陆地指挥部的通信联系，监测与预报等都依赖于卫星导航系统提供服务。在大数据时代，全球卫星导航系统须与地理信息系统（GIS）有机结合，能很大程度给予"冰上丝绸之路"的开发提供技术支撑。

（3）促进中国北斗卫星导航系统在北极海事领域的推广。开展船载北斗设备在北极地区的抗电磁干扰测试，并向航行、无线电、搜寻和救助分委会递交测试数据与调研报告，以提升北斗系统在极

---

① 《习近平人类命运共同体思想的深刻内涵与时代价值》，http://theory.people.com.cn。

地建设中的应用价值，完善北极黄河站北斗基准站的导航定位服务数据库。结合国际海事组织关于全球卫星导航系统的性能指标，加强北斗系统服务标准与国际海事组织相关标准的研究，详尽公布北斗导航系统的服务规范，以及应用于海事领域的性能评估报告。扩展中国参与北极理事会工作组的项目范围，共建北斗卫星导航基站，提升中国科技标准在北极国家内部的认可度。

2. 资金保障

（1）充分发挥亚投行的投融资平台作用。"冰上丝绸之路"建设存在巨大的基础设施建设需求，需要建设水陆联运的区域性枢纽港口，由于北极错综复杂的政治经济关系，一直缺少有效的统合地区基础设施建设的投融资平台，加之投资规模较大，以至于资金问题成为"冰上丝绸之路"建设的一大障碍。作为一个亚洲区域性政府间国际组织，亚投行的基本宗旨是提升亚洲的基础设施建设总体水平，促进亚洲的经济发展和繁荣，为区域内互联互通基础设施建设项目提供融资服务。亚投行则为中国基础设施建设相关产业走向国际市场提供了投资融资渠道。亚投行可以从投资、贸易、金融三个领域为"冰上丝绸之路"基础设施建设提供资金支持。在投资方面，亚投行拥有雄厚的资金和健康的资金筹措平台，并吸引了英国等欧洲金融强国加入亚投行，进一步增强了亚投行的融资能力。

（2）建立北极航道开发相关企业信贷业务金融机构。丝绸之路北极航线开发的强专业性与技术性，使一般从事信贷业务的机构难以针对丝绸之路北极航线开发相关项目设立贷款条件、审查申请材料、评估项目风险，因此需要专门从事丝绸之路北极航线相关企业信贷业务的机构与机制。丝绸之路北极航线开发项目具有战略性特点，且多为规模大、周期长、资金投入大的基础设施建设。政府要制定金融政策，支持和引导金融机构对"冰上丝绸之路"开发的相关企业开展融资服务，鼓励符合条件的有关企业发行债券，使北极航线的开发获得充足的资金支持，发挥丝绸之路北极航线的战略价值。而金融机构和政府也将在支持丝绸之路北极航线开发中获得收益,从而形成政府、金融机构、企业三者联动的金融保障体系。

(3) 构建金融合作平台。鼓励海内外政府、金融机构、企业、个人参与,打造一个金融合作平台,专门服务于丝绸之路北极航线开发。还要整合资源,创新金融方式,共同推进丝绸之路北极航线投融资体系和信用体系的建设。同时,要推进人民币国际化进程,推进人民币跨境结算,避免丝绸之路北极航线的发展受外汇限制,确保资金和融资渠道畅通。

在金融合作平台的构建中,中国须注重与丝绸之路北极航线相关国家的对接,推进中国与北极国家的在丝绸之路北极航线开发背景下金融领域的多方面合作。例如,中国与北极国家共同参股合作设立专门从事丝绸之路北极航线开发的金融机构,并在各国设立营业性机构与代表处,为丝绸之路北极航线开发推出创新型、适应性强的金融衍生品。要加强国际间的货币合作,规避汇率风险、节约兑换货币的费用,从而为促进双方丝绸之路北极航线开发提供投资便利。

3. 法律保障

北极地区至今尚未形成一个统一的具有国际权威的法律体系,不同主体围绕生态环境保护、资源开发、航道通行和海洋权益划分展开复杂博弈,治理体系和规则碎片化比较严重,对"冰上丝绸之路"建设带来复杂的法律挑战。为了合理合法地参与北极治理,积极推进保护北极、利用北极的国际合作,必须研究中国涉及北极事务的国际法依据,弄清允许中国做哪些事情,特别是要从相关国际法角度,对"冰上丝绸之路"建设的法理基础和法律依据进行梳理和归纳,对沿线国家国内法进行分析比较,特别是涉及环境、投资、劳工等方面的法律和政策,从中确定中国参与的依据和参与空间。目前,俄罗斯和北冰洋沿岸国家对北冰洋大陆架划界问题还没达成一致,部分国家的大陆架外部界限相互重叠,这些争议可能成为"冰上丝绸之路"建设的障碍。域内国家的排外立场也非常强烈,存在"领土民族主义"倾向,"冰上丝绸之路"沿线国家的法

第七章
制度实施路径与保障

律制度尚不规范，亟须完善北极地域相关国际法。

（1）推进北极基础法律制度建设。根据《联合国海洋法公约》、国际海峡制度等，丝绸之路北极航线水域属于专属经济区或公海，应适用于专属经济区过境通行制度和公海上的航行自由制度。因此，中国应推动建立以《联合国海洋法公约》为基础的北极基础法律制度，明确丝绸之路北极航线全球性特征，倡议将丝绸之路北极航线纳入多边治理的框架，推动中国参与丝绸之路北极航线的开发利用。①

（2）共同参与极地规则的制定与修改。国际海事法律同样有涉及丝绸之路北极航线航行的条款，近年来，随着国际社会对丝绸之路北极航线的关注，国际海事组织逐渐开始出台专门针对北极航运的规定。2002年国际海事组织便出台了《在北极冰覆盖水域内船舶航行指南》，但是该指南是非强制性的。2014年国际海事组织批准的《极地水域船舶航行安全规则》，包含两部分内容，一部分是强制性的，另一部分是建议性的。相关国家应共同参与极地规则的制定与修改，以避免规则实施后中国处于不利位置。②

（3）签订航道开发合作条约。中国要想参与丝绸之路北极航线的开发，必须与俄罗斯和加拿大建立联系。中国应与俄罗斯、加拿大分别签署东北航道和西北航道双边条约，避免丝绸之路北极航线法律地位的敏感问题，仅限于丝绸之路北极航线科研考察、沿岸港口合作开发、资源开采合作以及商业航运方面。中国应与俄、加两国签署有关北极航线开通后对生态影响和环境污染的科研协议，深化与俄罗斯、加拿大两国在丝绸之路北极航线议题上的合作；通过提供资金支持参与丝绸之路北极航线港口基础设施建设和北极北冰洋沿岸能源开采；签订石油、液化天然气采购协议，实现从开采、运输到销售一体化，以促进丝绸之路北极航线的商业航行；与俄加

---

① 王泽林：《"冰上丝绸之路"航行自由法律问题研究》，《南京大学法律评论》2019年第1期。

② 唐尧、夏立平：《中国参与北极航运治理的国际法依据研究》，《太平洋学报》2017年第8期。

两国谈判通过保证中国在丝绸之路北极航线上的货运量来获取丝绸之路北极航线服务规费最惠国待遇①，推进中国参与丝绸之路北极航线开发的力度。

（4）推动中国与对北极有利益诉求的非北极国家签订双边条约。中国与韩国、日本同为东亚经济发展活跃的国家，丝绸之路北极航线的开通能为中、日、韩带来巨大的经济利益，因此，中、日、韩都是丝绸之路北极航线的利益攸关方。同时，中、日、韩都是北极理事会的正式观察员国，但是北极理事会由北极国家主导，观察员国在北极的核心问题上没有话语权，中、日、韩在提高自身在北极理事会的地位方面有着共同的利益诉求。中国可与日本、韩国就丝绸之路北极航线问题分别签订双边条约，通过合作增加双方的资金、港口基础设施建设、破冰船制造、丝绸之路北极航线科研考察实力，提升与北极国家合作开发丝绸之路北极航线的实力。同时，中、日、韩三国共同合作，与能源出口大国俄罗斯签订液化石油、天然气采购协议，能进一步促进丝绸之路北极航线的商业通航。

联合所有对丝绸之路北极航线具有利益诉求的国家，共建丝绸之路北极航线问题的"权利均衡"格局。推动签署北极地区类似《斯瓦尔巴条约》②的政府间多边条约，形成丝绸之路北极航线多边治理格局。借鉴《斯瓦尔巴条约》中"两权分离理论"，将"主权"与"主权权力"分离，搁置有关丝绸之路北极航线主权归属的讨论，而将丝绸之路北极航线治理权力让渡给形成的丝绸之路北极航线多边治理群体，通过各国共同开发丝绸之路北极航线，发挥丝绸之路北极航线的运输价值，同时共同保护北极海域环境，预防并治理北极海域石油污染和生态问题，以获得更大的集体利益。同时可将有限的引航和监督权力让渡给丝绸之路北极航线沿岸国，保证

---

① 戴宗翰：《由联合国海洋法公约检视北极航道法律争端——兼论中国应有之外交策略》，《比较法研究》2013年第6期。

② 《斯瓦尔巴条约》，签订时间1920年2月9日，拥有33个合约国。

丝绸之路北极航线的航行安全，同时平衡各方的利益，以形成更为稳定的多边治理结构。

4. 政策保障

强化北极理事会作为处理北极问题的首要组织的地位。通过联合国协助，努力实现北极理事会成为包括北极线问题在内的北极区域所有国际问题的管理者，发挥全面、有效的协调作用。

（1）拟定北极理事会条约。由北极理事会成员或观察员提出建议，在大会上多次讨论，起草并最终确立北极理事会条约，形成北极理事会的法律约束性体制，对北极理事会成员设立具有法律约束性的义务和规定，保证在面临北极重大问题时，北极理事会能够继续发挥功能，协调多方主体在北极问题上复杂多变的利益关系。

（2）完善组织机构建设。扩大北极理事会成员数量，接纳新的国家作为理事会的成员国，使北极理事会成为更广泛、开放的讨论北极问题的组织平台。扩大北极理事会事务涉及范围，要涵盖安全、通航、卫生、科学研究、教育等领域，增设航行安全委员会、技术合作委员会、北极科教委员会、北极法律委员会。其中，航行安全委员会负责协调有关海上安全的技术性问题，技术合作委员会负责船舶航行技术、破冰船研制技术、气象水文环境监测等技术问题，北极科教委员会负责北极科学考察活动及关于北极在科学、教育领域的宣传和普及。北极法律委员会负责北极理事会的法律事务和草拟公约文件，为解决北极范围内各领域问题提供法律协助。

三　构建合作机制

建立"冰上丝绸之路"合作机制，可以有效地促进国家间的交流合作，促进区域贸易合作，促进北极地区经济社会发展。"冰上丝绸之路"建设是"一带一路"建设的重要延伸，具有深远的地理、经济和政治影响。与"一带一路"其他地区相比，"冰上丝绸之路"建设面临着更加严峻的自然环境和复杂的地缘政治环境带来的挑战，其风险结构和生成机制也不完全相同。面对参与者多样性与利益诉求之间的矛盾，北极治理体系的机制碎片化和滞后等问题

◇"冰上丝绸之路"合作制度设计

日益严重。

1. 国际协调机制

目前，中俄已进入新时代全面战略协作伙伴关系，战略互信进一步加强，亟须探讨如何将"冰上丝绸之路"与北方海航道对接的问题。中俄在北极项目合作方面取得实质性进展。然而，在俄罗斯对待共建"冰上丝绸之路"的问题上，也存在一些杂音。他们认为，"冰上丝绸之路"从战略上覆盖了俄罗斯北方海航道，削弱了俄罗斯的北极战略，不利于凸显俄罗斯在北极航道的主导地位。中俄双边关系十分复杂，近年来因美国的战略遏制而"抱团取暖"，双方的不信任挥之不去。因此，中俄在共建"冰上丝绸之路"上必须增强互信和共识，开展项目合作的同时，认真研究风险防范的应对措施。由于俄罗斯对北方海航道长达数百年的主权控制，把该区域当成俄罗斯内水，极易与该航道自由航行的诉求产生冲突。随着地缘政治的博弈，俄罗斯也可能拉拢更多国家实施均衡战略，制衡中国的"冰上丝绸之路"建设。俄罗斯一直强调使用该国的破冰船，这将导致保险和安全费用的垄断性提升，加大航运成本。另外，由于技术装备限制，北方海航道的商船载重不能超过4万吨，致使大型商船、油轮等无法通过。

参与丝绸之路北极航线开发主体众多，目标各不相同，具有高度的复杂性。各项措施之间难免产生冲突。通过建立系统协调机制，能够正确、妥善地处理"冰上丝绸之路"建设中的各类主体、目标、工作之间的关系，化解矛盾，实现各项工作效用的最大化。建立参与丝绸之路北极航线开发各主体间的信任关系。首先，建立基于契约的信任关系，政府与各行业、企业订立契约，明确各主体在丝绸之路北极航线开发中的权利义务，违反契约将受到惩罚。其次，建立基于知识共享的信任关系，通过丝绸之路北极航线开发的知识信息共享，各主体及时完成对丝绸之路北极航线工作的沟通协调。建立公平合理的利益分配机制。政府对在参与丝绸之路北极航线开发中贡献度很高，但利益分配上处于弱势的群体（如破冰船制造企业）给予利益激励，并对破坏丝绸之路北极航线开发整体利益的群体（如旅游行业过度开发破坏北极生态环境）做出相应的惩罚。加强不同成员、不同部门之间的运作协调，促进政府、行业、企业之间的运作协调，如政府、高校、航运企业联合定向培养服务于丝绸之路北极航线的船员，加强船员技能培训，实现产学研的结合。

2. 风险防控机制

建立环北极国、北极邻近国（域外国家）、非北极国的博弈规范约束机制。大体上可分三步走：第一步将在北极海域全面实施《联合国海洋法公约》作为过渡措施；第二步在北极理事会有关工作的基础上，制定一个专门适用于北极海域（甚至适用于包括陆地在内的整个北极地区）的综合性环境保护协定；第三步则在时机成熟时，比照南极，由国际社会全体成员共同努力，订立并逐步完善北极条约及相关文件体系。① 当前国际范围内存在南极机制、斯瓦尔巴机制和《联合国海洋法公约》机制，这三种争端解决机制各有利弊。对于解决北极资源开发问题，应当建立以《联合国海洋法公约》为适用基础，以共同开发为实现路径，以谈判协商为主、调解为补充的多层次争端解决机制。② 实现北极治理主体从北极国家到北极/非北极国家、从国家层次的国家行为体到国家之上/下层次的国家/非国家行为体同时参与的多层次治理转变。③ 制定并完善北极风险防范的相关国际性法律规范，加强国际合作，加大科研投入，攻克北极风险防范技术难题。实现风险防范从全球普遍适用的机制向北极特别适用的机制方向转变，由以"软法"为基础的机制向以"硬法"为基础的机制方向转变，由侧重传统安全领域向传统安全

---

① 程保志：《刍议北极治理机制的构建与中国权益》，《当代世界》2010年第10期。
② 罗猛、董琳：《北极资源开发争端解决机制的构建路径——以共同开发为视角》，《学习与探索》2018年第8期。
③ 王传兴：《北极治理：主体、机制和领域》，《同济大学学报》（社会科学版）2014年第2期。

与非传统安全领域并重的方向转变。北极海洋生态安全关乎人类命运与未来，人类必须深刻认识到各国都处于一个命运共同体中，高度重视北极海洋生态安全治理，共同致力于保护人类生存家园，保护北极海洋生态，构建一个安全健康的海洋命运共同体机制。为此需要在加强北极科学研究、推进互利合作的基础上，构建北极知识共同体、北极社会认同，塑造北极命运共同体意识。

3. 应急响应机制

丝绸之路北极航线开发时可能发生许多突发事件，如与丝绸之路北极航线沿岸国发生剧烈的军事冲突，若处理不及时有效，将造成极大损失，进而阻碍中国参与丝绸之路北极航线的开发。因此，应设立合理有效的应急方案，以应对与丝绸之路北极航线有关的突发事件。

中国在参与丝绸之路北极航线的开发时，应预设可能出现的紧急情况，如与丝绸之路北极航线沿岸国发生军事冲突、环保技术未达到北极航行标准导致无法在丝绸之路北极航线开展商业航行、北极原住民抵制在丝绸之路北极航线开展旅游业务、在探索丝绸之路北极航线过程中破冰船受困、国际上不承认中国参与丝绸之路北极航线航行的船员资质等。再将突发事件划分等级，情况危急、后果很严重的为高级别突发事件，而危害相对较轻的为低级别突发事件。根据突发事件的性质及轻重缓急制定不同的应急方案，形成国家参与丝绸之路北极航线开发突发事件应急预案，另外，根据信息反馈，完善突发事件列表，改进应急方案，使丝绸之路北极航线开发的相关突发事件能够较为理想地解决。

在制定国家参与丝绸之路北极航线开发突发事件应急预案后，中国应借鉴已有的应急响应制度，安排专门值班人员关注互联网社会舆论和新闻媒体发布的信息，接收丝绸之路北极航线开发相关的突发事件信息，确定响应级别，在一定时间内启动国家级或地方级应急响应程序。建立开发丝绸之路北极航线突发事件专门的应急平台，充分整合信息和各项应急活动，实现各级应急管理和指挥机构

第七章 制度实施路径与保障

的信息共享，实现综合分析处理，保障快速、高效、安全的应急信息管理。

4. 多边治理机制

域外国家参与北极治理。受气候变化影响和全球化进程推动，北冰洋逐渐从冰封走向开放，国际社会正在加强对船舶航行、海上搜救、科学活动、公海捕鱼等事务的规制。无论是极地航行规则、北极国家签订合作协议，还是北冰洋公海渔业多边磋商进程，北冰洋区域性规则的发展始终建立在一般国际法的框架基础上，"而非一种脱离国际法体系之外的地区性规制"。[①]

在气候变化和全球化双重作用下，北极汇集了国际航道通航、气候变化、重大科学研究、生态系统保护、资源能源开发等多个具有全球和地区重要影响的事务，多层次、分议题的北极合作机制逐步建立。从当前北极区域治理的实践看，北极国家始终是北冰洋区域治理规则发展的推手，主导着规则制定、机制建立和磋商进程。在全球性合作平台上，北极国家提议制定极地水域的航行规则将其利益诉求和航运管控经验融入国际规则中。目前，形成的北冰洋区域合作协议多数局限于八个北极国家，例如海空搜救、溢油预防反应以及科学合作协议，体现出一定的排外性。这些协议实际上是在进一步维护和强化北极国家在北极治理中的主导地位。在北极区域治理现有结构下，域外国家对北冰洋区域治理的参与和政策影响力十分有限，即使作为北极理事会的观察员国，也没有权利参与任何决策，参与工作组等附属机构的活动也受到等级分明的规则限制。北冰洋法律规则的制定和发展应当兼顾沿岸国的权利和其他国家在北冰洋海域的合法权益，不能忽视北极域外国家在北冰洋海域享有的开发利用海洋及其资源的合法权利。

[①] 肖洋：《北极海空搜救合作：成就、问题与前景》，《中国海洋大学学报》（社会科学版）2014年第3期。

参考文献

中文文献
一 专著

［德］威廉·冯·洪堡：《论国家的作用》，中国社会科学出版社1998年版。

［法］保罗·阿尔布：《经济心理学》，上海译文出版社1992年版。

［古罗马］塔西佗：《阿古利可拉传日尔曼尼亚志》，马雍译，商务印书馆1985年版。

［美］J. N. 凯恩斯：《政治经济学的范围和方法》，台湾银行经济研究室1970年版。

［美］R. 科斯：《企业、市场与法律》，上海三联书店1990年版。

［美］奥利弗·E. 威廉姆森：《科斯：制度经济学家和制度建设者》，载《制度、契约与组织》，经济科学出版社2003年版。

［美］道格拉斯·C. 诺思、罗伯特·托马斯：《西方世界的兴起》，华夏出版社1989年版。

［美］道格拉斯·C. 诺思：《经济史中的结构与变迁》，上海三联书店1991年版。

［美］康芒斯：《制度经济学》（上册），商务印书馆1962年版。

［美］舒尔茨：《制度与人的经济价值的不断提高》，载《财产权利与制度变迁》（中译本），上海三联书店、上海人民出版社

1994年版。

［日］青木昌彦：《比较制度分析》，上海远东出版社2001年版。

［古希腊］柏拉图：《理想国》，郭斌和、张竹明译，商务印书馆1986年版。

［英］亚当·斯密：《道德情操论》，商务印书馆1997年版。

［英］亚当·斯密：《国富论》，华夏出版社2007年版。

［美］R. 科斯、A. 阿尔钦、D. 诺思等：《财产权利与制度变迁——产权学派与新制度学派译文集》，上海人民出版社2004年版。

［美］道格拉斯·C. 诺思：《制度、制度变迁与经济绩效》，杭行译，格致出版社、上海三联书店、上海人民出版社2008年版。

郭培清等：《北极航道的国际问题研究》，海洋出版社2009年版。

李铁：《"冰上丝绸之路"东北亚方向探索》，中国商务出版社2018年版。

林毅夫：《关于制度变迁的经济学理论》，载《财产权利与制度变迁》，上海三联书店1994年版。

刘慧荣：《北极地区发展报告》，社会科学文献出版社2015年版。

陆俊元、张侠：《中国北极权益与政策研究》，时事出版社2016年版。

陆俊元：《北极地缘政治与中国应对》，时事出版社2010年版。

《马克思恩格斯选集》（第1卷），人民出版社2012年版。

曼瑟·奥尔森：《集体行动的逻辑》，陈郁等译，上海三联书店、上海人民出版社1996年版。

潘敏：《北极原住民研究》，时事出版社2013年版。

习近平：《习近平谈治国理政》，外文出版社2014年版。

习近平：《在联合国成立70周年系列峰会上的讲话》，人民出版社 2015 年版。

杨剑等著：《北极治理新论》，时事出版社 2015 年版。

杨剑主编：《亚洲国家与北极未来》，时事出版社 2015 年版。

詹姆斯·M. 布坎南：《民主过程中的财政》，唐寿宁译，上海三联书店 1992 年版。

张宇燕：《经济发展与制度选择》，中国人民大学出版社 1992 年版。

中华人民共和国国务院新闻办公室：《中国的和平发展》，人民出版社 2011 年版。

二　论文

[美] 斯坦·奥：《挪威萨米问题工作现状——挪威萨米人权利委员会》，吴金光译，《世界民族》1988 年第 6 期。

白佳玉、李静：《美国北极政策研究》，《中国海洋大学学报》（社会科学版）2009 年第 5 期。

程保志：《刍议北极治理机制的构建与中国权益》，《当代世界》2010 年第 10 期。

戴宗翰：《由联合国海洋法公约检视北极航道法律争端——兼论中国应有之外交策略》，《比较法研究》2013 年第 6 期。

郝时远等：《瑞典萨米人及其驯鹿业考察报告》，《世界民族》1996 年第 4 期。

胡锦涛：《坚定不移沿着中国特色社会主义道路前进　为全面建成小康社会而奋斗——在中国共产党第十八次全国代表大会上的报告》，《人民日报》2012 年 11 月 18 日。

匡增军：《2010 年俄—挪北极海洋划界条约评析》，《东北亚论坛》2011 年第 5 期。

李铁：《发挥东北区域优势加快推进"冰上丝绸之路"建设》，《太平洋学报》2018 年第 12 期。

李振福等：《北极航道海运网络的国家权益格局复杂特征研究》，《极地研究》2011 年第 2 期。

李振福:《北极航线地缘政治格局演变的动力机制研究》,《内蒙古社会科学》(汉文版)2011年第1期。

刘惠荣、杨凡:《国际法视野下的北极环境法律问题研究》,《中国海洋大学学报》(社会科学版)2009年第5期。

刘惠荣、韩阳:《北极法律问题:适用海洋法基本原则的基础性思考》,《中国海洋大学学报》(社会科学版)2010年第1期。

刘惠荣、刘秀:《北极群岛水域法律地位的历史性分析》,《中国海洋大学学报》(社会科学版)2010年第2期。

罗猛、董琳:《北极资源开发争端解决机制的构建路径——以共同开发为视角》,《学习与探索》2018年第8期。

钱宗旗:《俄罗斯北极开发国家政策剖析》,《世界经济与政治论坛》2011年第5期。

钱宗旗:《俄罗斯北极治理政治经济诉求》,《东北亚学刊》2014年第3期。

施明浩:《北极航道法律问题研究》,硕士学位论文,华东政法大学,2011年。

唐尧、夏立平:《中国参与北极航运治理的国际法依据研究》,《太平洋学报》2017年第8期。

王传兴:《北极治理:主体、机制和领域》,《同济大学学报》(社会科学版)2014年第2期。

王传兴:《论北极地区区域性国际制度的非传统安全特性——以北极理事会为例》,《中国海洋大学学报》(社会科学版)2011年第3期。

王泽林:《"冰上丝绸之路"航行自由法律问题研究》,《南京大学法律评论》2019年第1期。

习近平:《共倡开放包容 共促和平发展——在伦敦金融城市长晚宴上的演讲》,《人民日报》2015年10月23日。

习近平:《共同构建人类命运共同体——在联合国日内瓦总部的演讲》,《人民日报》2017年1月20日。

习近平：《迈向命运共同体　开创亚洲新未来——在博鳌亚洲论坛 2015 年年会上的主旨演讲》，《人民日报》2015 年 3 月 29 日。

习近平：《携手合作　共同维护世界和平与安全——在"世界和平论坛"开幕式上的致辞》，《人民日报》2012 年 7 月 8 日。

肖洋：《北冰洋航线开发：中国的机遇与挑战》，《现代国际关系》2011 年第 6 期。

肖洋：《北冰洋航运权益博弈：中国的定位与应对》，《当代世界》2012 年第 3 期。

肖洋：《北极海空搜救合作：成就、问题与前景》，《中国海洋大学学报》（社会科学版）2014 年第 3 期。

阎铁毅：《北极航道所涉及的现行法律体系及完善趋势》，《学术论坛》2011 年第 2 期。

易强：《北极争夺：无序以大国游戏》，《环球财经》2008 年第 9 期。

云宇龙：《国际社会理论视角下的北极安全治理与中国参与》，《领导科学论坛》2017 年第 9 期。

张新平、胡楠：《安全复合体理论视域下的北极安全分析》，《世界经济与政治》2013 年第 9 期。

英文文献

Austen‑Smith, David, "Rational Consumers and Irrational Voters: A Review Essay on Black Hole Tariffs and Endogenous Policy Theory", *Economics and Politics*, No. 3, 1991.

Birger Poppel et al., *SLiCA Survey of Living Conditions in the Arctic, Results Institute of Social and Economic Research*, University of Alaska Anchorage, 2006.

Boyd, R., Richerson, P. J., *Culture and the Evolutionary Process*, University of Chicago Press, Chicago, 1985.

Boyd, R., Richerson, P. "Punishment Allows the Evolution of Cooperation (or Anything Else) in Sizable Groups", *Journal of Ethology* and Sociobiology, No. 13, 1992.

Cavalli – Sforza, L. L. , Feldman, W. W. , "Cultural Versus Biological Inheritance: Phenotypic Transmission from Parent to Children (a Theory of the Effect of Parental Phenotypes on Children's Phenotype)", American Journal of Human Genetics, No. 25, 1973.

Cooper, Economic Policy in an Interdependent World, Cambridge: MIT Press, 1986.

Dequech, D. , "Uncertainty in a Strong Sense: Meaning and Sources", Economic Issues, No. 2, 1997.

Dequech, D. , "Fundamental Uncertainty and Ambiguity", Eastern Economic Journal, No. 26, 2000.

Environmental Security Threat Report, Released by the U. S. Department of State, 2001.

Fenno, Richard, Jr. , Congressmen in Committees, Boston: Little, Brown, 1973.

Frankel, Jeffrey, "Obstacles to International Macroeconomic Policy Coordination", Journal of Public Policy, No. 8, 1988.

Gintis, H. , "Strong Reciprocity and Human Sociality", Journal of Theoretical Biology, No. 206, 2000.

Greenwood, Suddaby, "Hinings Theorizing Change: The Role of Professional Associations in the Transformation of Institutionalized Fields", Academy of Management Journal, No. 45, 2002.

Grossman, et al. , "Protection for Sale", American Economic Review, No. 84, 1994.

Hardin, Collective Action, Baltimore: The Johns Hopkins University Press, 1982.

Henrich et al. , "'Economic Man' in Cross – cultural Perspective: Behavioral Experiments in 15 Small – scale Societies", Behavioral and Briain Sciences, No. 28, 2005.

Janet T. Landa, Xiao Tian Wang, "Bounded Rationality of Economic Man: Decision Making Under Ecological, Social, and Institutional Constrains", *Journal of Bioeconomics*, No. 3, 2001.

King, Anthony, "Modes of Executive – Legislative Relations: Great Britain, France, and West Germany", *Legislative Studies Quarterly*, No. 1, 1976.

Klaus Topfer, et al. "Arctic Environment: European Perspectives", *Environmental Issue Report*, No. 38, 2004.

Kraatz, M. S., Moore, J. H., "Executive Migration and Institutional Change", *Academy of Management Journal*, No. 45, 2002.

Krusell, et al., " Consumption – savings Decisions with Quasi – geometric Discounting", *Econometrica*, No. 71, 2001.

Laibson, David A., "Cue – theory of Consumption", *Quarterly Journal of Economics*, No. 116, 2001.

Laver, et al., "Coalitions and Cabinet Government", *American Political Science Review*, No. 84, 1990.

Lee, K., Pennings, J. M., "Mimicry and the Market: Adoption of a New Organizational Form", *Academy of Management Journal*, No. 45, 2002.

Lewis – Beck, Michael, *Economics and Elections*, Ann Arbor University of Michigan Press, 1990.

Lounsbury, M., "Institutional Transformation and Status Mobility: The Professionalization of the the Field of Finance", *Academy of Management Journal*, No. 45, 2002.

Mancur Olson, "*Forewood*" in Todd Sandler, *Collective Action: Theory and Applications*, The University of Michigan Press, 1992.

Marzia Scopelliti, Elena Conde Pérez, "Defining Security in a Changing Arctic: Helping to Prevent an Arctic Security Dilemma", *Polar Record*, No. 52, 2016.

Melissa A. Verhaag, "It is Not Too Late: the Need for a Comprehensive International Treaty to Protect the Arctic Environment", *Georgetown International Environmental Law Review*, No. 8, 2003.

Miaojia Liu, Jacob Kronbak, "The Potential Economic Viability of Using the Northern Sea Route (NSR) as an Alternative Route Between Asia and Europe", *Journal of Transport Geography*, No. 18, 2010.

Norgaard, R. B., "Coevolutionary Development Potential", *Land Economics*, No. 60, 1984.

Oliver, C., "Sustainable Competitive Advantage: Combining Institutional and Resource-based Views", *Strategic Management Journal*, No. 18, 1997.

Olson, Mancur, *The Logic of Collective Action*, Cambridge, Mass: Harvard University Press, 1965.

Olson, "Dictatorship, Democracy, and development", *American Political and Development Science Review*, No. 87, 1993.

Palacios-Huerta, I., "Consumption and Portfolio Rules under Hyperbolic Discounting", Working Paper, Brown University, 2001.

P. R. Ehrlich, P. H. Raven, "Butterflies and Plants: A Study in Coevolution", *Evolution*, No. 18, 1964.

Schotter, A., *The Economic Theory of Social Institutions*, Cambridge University Press, Cambridge, 1981.

Shugart, et al., *Presidents and Assemblies*, New York: Cambridge University Press, 1992.

Streit, M., et al., "Views and Comments on Cognition, Rationality, and Institutions", *Journal of Institutional and Theoretical Economics*, No. 153, 1997.

Sung-Woo Lee, Ju-Mi Song, "Economic Possibilities of Shipping though Northern Sea Route", *The Asian Journal of Shipping and Logistics*, No. 30, 2014.

Thornton, P., "The Rise of the Corporation in a Craft Industry: Conflict and Conformity in Institutional Logics", *Academy of Management Journal*, No. 45, 2002.

Townley, B., "The Role of Competing Rationalities in Institutional Change", *Academy of Management Journal*, No. 45, 2002.

Vilfredo Pareto, *The Mind and Society*, New York: Harcout and Brace, 1935.

Webb, Michael, "International Economic Structures, Government Interests, and International Coordination of Macroeconomic Adjustment Policies", International Organization, 2002.

Webb, Michael C., "International Economic Structures, Government Interests, and International Coordination of Macroeconomic Adjustment Policies", *International Organization*, Vol. 45, No. 3, 1991.

Wolfers, Arnold, *Discord and Collaboration*, Baltimore: The Johns Hopkins University Press, 1962.

Zilber, T., "InstituUonalization as an Interplay between Actions Meanings, and Actors: The Case of a Rape Crisis Center in Israel", *Academy of Management Journal*, No. 45, 2002.

网络参考

Arctic Council Indigenous Peoples Secretariat Terms of Reference and Proceduraladelinespart of Termsof Reference Preamble, http://arctic-council.org/filearchive/IS%20 Terms%20 of%20 Reference%20and%20 Guidelines.pd, 2011.

"The Northern Dimensionof Canada's Foreign Policy", Prepared by the Communications Bureau Department of Foreign Affairs and International Trade, p.16. http://www.dfait-maeci.gc.ca/circumpolarpdf/ndcfp-en.pdf.

《共建"一带一路" 共创美好未来》,http://theory.people.com.cn/。

《构建以合作共赢为核心的新型国际关系——对"21世纪国际关系向何处去"的中国答案》，http：//theory. people. com. cn/。

《推动全球治理体制更加公正合理》，http：//theory. people. com. cn/。

《习近平对世界如是说》，人民网，2015年11月23日，http：//theory. people. com. cn/n/2015/1123/c40531 - 27843728 - 3. html/。

《习近平接受美国〈华尔街日报〉书面采访引起国际社会积极反响》，http：//www. xinhuanet. com/。

《习近平人类命运共同体思想的深刻内涵与时代价值》，http：//theory. people. com. cn/。

《习近平主席今年首次出访，这个理念值得重温》，http：//politics. people. com. cn/。

《习近平总书记的全球治理思想》，http：//theory. people. com. cn/。

《中央国家安全委员会第一次会议召开　习近平发表重要讲话》，http：//www. gov. cn。

《重温习近平"一带一路"金句：和平合作、开放包容、互学互鉴、互利共赢》，http：//politics. people. com. cn/。

《总体国家安全观与"共同安全"》，http：//www. xinhuanet. com/。

Important Years in Saami History，http：//www. itv. se/boreale/history. Htm/。

《国家主席习近平在莫斯科国际关系学院的演讲》（全文），http：//www. gov. cn/。

习近平：《携手构建合作共赢新伙伴　同心打造人类命运共同体——在第七十届联合国大会一般性辩论时的讲话》，新华网，2015年9月28日，http：//news. xinhuanet. com/politics/2015 - 09 - 29/c_ l116703645. htm/。